FRANZ ZACH / RENE GROMES

DURCHSTARTEN
IN ENGLISCH

ENGLISCH
FÜR DIE 5. SCHULSTUFE

KeRLE

LERNHILFEN

MÜNCHEN
WIEN

DURCHSTARTEN IN ENGLISCH, Englisch für die 5. Schulstufe,
wurde geplant und entwickelt vom Verlag Kerle, München und Wien.

Verfasser:	Franz Zach und René Gromes
Verfasser der Durchstartübungen:	Do-Ri Rydl und Kim da Silva

2. Auflage 1995

© 1995 Verlag Kerle
im Verlag Herder & Co., Wien 1995

Diesem Lernhilfebuch ist ein Lösungsheft
zu den Übungen beigelegt.

Verlagsredaktion:	Klaus Kopinitsch
Layout:	Kurt Lackner
Illustrationen:	Bruno Haberzettl
Umschlagentwurf:	Alexander Strohmeier
Satz:	Atelier Vogel, Korneuburg
Druck:	Printed in Hungary
Vertrieb:	Verlag Herder, Wien

ISBN 3-85303-016-5

Gedruckt auf umweltfreundlichem, chlorfrei gebleichtem Papier.

INHALTSVERZEICHNIS

Hi! Wir stellen uns vor!

Kannst du auch von dir behaupten, *"I ♥ ENGLISH"*? Ganz ehrlich und ohne zu flunkern? Vielleicht geht es dir im Augenblick nicht ganz so gut? Du fühlst dich unsicher, deine Noten sind nicht so, wie du sie gern hättest, und vor den *tests* hast du ein wenig Angst? Vielleicht warst du krank und hast Stunden versäumt, und nun gibt es Probleme mit dem Nachlernen? Vielleicht geht dir aber auch von Anfang an alles zu schnell, und du brauchst mehr Zeit und Gelegenheit zum Üben?

Das „Durchstarten-Team" will dir helfen, diese Probleme zu meistern, damit du die Frage mit „Ja, natürlich!" oder noch besser mit *"Yes, of course!"* beantworten kannst. Du wirst dabei nicht allein sein: *Maxwell*, *Mac* und *Charlie* werden dir immer zur Seite stehen. Sie werden dir manchmal sagen, was du tun sollst, und sie wollen dich ganz bestimmt zum Schmunzeln bringen!

Bevor es so richtig losgeht, noch einige Hinweise zur „richtigen" Verwendung von „Durchstarten".

Das Inhaltsverzeichnis sagt dir, worum es in den einzelnen Abschnitten und Unterabschnitten des Buches geht. Es ist übersichtlich gegliedert und durchnumeriert. Der Inhalt deckt den gesamten Lehrstoff der 1. Klasse ab.

Das Stichwortverzeichnis am Ende des Buches gibt in alphabetischer Reihenfolge – von *a – an – some* bis *zweiter Fall* – alle wichtigen Stichwörter mit Seitenangabe an, so daß du schnell findest, wonach du suchst.

Alle Kapitel sind gleich aufgebaut. Zuerst kommt eine Erklärung, die du gründlich und genau durcharbeiten sollst. Dann folgen viele abwechslungsreiche Übungen. Jede Übung beginnt mit einem Beispiel (*example*). Du kannst dabei sofort erkennen, was du in der Folge selbst tun sollst.

Zu „Durchstarten" gibt es ein **Lösungsheft**. Du sollst es aber nur zum Vergleichen und Verbessern deiner Antworten verwenden, nachdem du die Übungen selbständig erarbeitet hast. Denke daran: „Wer mogelt, belügt sich selbst!"

Die Probeschularbeiten *(tests)* sind im Schwierigkeitsgrad und im Inhalt auf den Lehrplan der 1. Klasse abgestimmt. Eine Punktetabelle erlaubt dir, deine Arbeit zu bewerten und selbst zu benoten. *Good luck!*

Die Symbole in der Randspalte sind Signale. Sie wollen dich auf wichtige Dinge aufmerksam machen oder dir sagen, was du tun sollst.

 Los geht's. Eine Übung *(exercise)* ist angesagt.

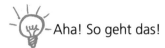Aha! So geht das!

 Achtung! Die Sache ist verdammt wichtig. Lieber noch einmal durchdenken.

 Eine Sprachregel, die du auf jeden Fall beherrschen solltest.

 Mac hat einen Tip für dich im Sinne von „So kannst du dir das merken" oder „So geht's leichter".

 Da hilft nur eins: Auswendiglernen!

 Es wird ernst! Am Ende eines Stoffgebietes gibt es einen Wettbewerb mit Punkteauswertung und Beurteilung. Diese Übung zeigt dir, ob du schon am Ziel bist oder noch eine Runde (Wiederholung) benötigst.

 Take it easy! Ruh dich aus, mach später/morgen weiter. Es ist schließlich sinnvoller, an mehreren Tagen 15–30 Minuten zu üben, statt an einem Tag alles machen zu wollen. Übrigens: Hast du ein Kapitel beendet, solltest du ebenfalls eine Pause machen, auch wenn dich kein Symbol daran erinnert.

Fülle mit Bleistift im Buch aus.

In **Maxwell's puzzlecorner** findest du allerlei Rätsel. Sie sollen deine „grauen Zellen" zusätzlich zu den *exercises* fordern und außerdem auch ein wenig Spaß machen!

Alltagssituationen wie *shopping, at the restaurant, . . .* bieten dir Gelegenheit, Dialoge zu üben und damit deinen Wortschatz zu festigen oder zu erweitern.

Die **stories** sollen dir nicht nur Freude am Lesen bereiten, sondern auch Hilfe im Umgang mit Texten sein. Hier kannst du lernen und üben, wie man Fragen sinnvoll stellt und beantwortet und wie man kurze und einfache Geschichten zusammenfaßt oder nacherzählt.

Du selbst entscheidest, wie du mit dem Buch arbeitest. Du kannst es vom Anfang bis zum Schluß „durchackern", oder du konzentrierst dich auf das Kapitel, das du gerade nachlernen willst oder mußt. Gleichgültig, wofür du dich entscheidest: Lerne regelmäßig und langsam, damit das Gelernte auch „sitzt"! Hektisches „Pauken" oder „Strebern" knapp vor einem *test* verwirrt und schadet meist mehr, als es nützt.

Aber das ist eigentlich schon ein Tip, wie man richtig lernt. **Lerntips** findest du auf der folgenden Seite und in den einzelnen Kapiteln. Das kann manchmal mehr helfen, als das Lernen für Englisch selbst.

Wir möchten dir auch noch eine andere Möglichkeit zeigen, deinen Lernerfolg zu steigern. Das Lernen wird dir damit garantiert leichter fallen, vorausgesetzt du tust mit und übst regelmäßig. Das Ganze beruht auf folgender Erkenntnis: Steigere die Energie deines Körpers, und du steigerst deine Leistungsfähigkeit und damit auch deine Lernleistung. Erlaubtes Doping sozusagen!

Das Tolle daran: Du schaffst das mit einfachen Bewegungsübungen. Wir nennen sie **„Durchstartübungen"**. Sie bringen dich so richtig auf Touren. Sie ermöglichen dir, daß du in kurzer Zeit wesentlich mehr begreifst und dein Wissen bei einer Prüfung auch zur Verfügung hast. Lerngymnastik macht durstig. Genehmige dir vor und nach den Übungen ein Glas Wasser.

Das „Durchstarten-Team" wünscht dir „Gutes Gelingen" und Freude bei der Arbeit mit dem Buch, damit sich der Erfolg bald einstellt. Wir wünschen uns, daß auch du bald sagen kannst:

"YES, I ♥ ENGLISH!"

TOP TEN DER LERNTIPS

Diese zehn Punkte solltest du beim Lernen beachten:

1. Zeitplan.
Trage in einen Kalender alle **Prüfungstermine** ein. Markiere die Tage, die du zum Lernen vor einer Prüfung brauchst. Das schafft Überblick.

2. Stoffübersicht.
Erstelle eine **Liste der** einzelnen **Prüfungsgebiete**, lasse daneben Platz zum Abhaken. Das spornt dich an und gibt dir Übersicht.

3. Entspannen.
Beginne nicht sofort nach der Schule mit den Aufgaben. Eine einstündige **Entspannungspause** fördert deine Konzentration.

4. Arbeitsplatz.
Richte dir einen eigenen Arbeitsplatz ein. Auf diesem **ordne übersichtlich** deine Unterlagen.

5. Aufwärmen.
Verwende dazu unsere Durchstartübungen. **Lerngymnastik** steigert deinen Lernerfolg. Außerdem bist du damit deinen Mitschülern um die berühmte Nasenlänge voraus.

6. Strukturieren.
Was du gliederst, kannst du besser behalten. **Markiere** Wesentliches **bunt**, mache dir am Rand Notizen.

7. Pausen.
Nach 30 bis 45 Minuten Lernen läßt deine Konzentration nach. Lege daher eine etwa **10 Minuten** lange Pause ein. In der Pause mache eine Durchstartübung. Nach der Pause schreibst du eine nicht besonders anstrengende Hausaufgabe. Dann erst lernst du weiter. Auch **dein Gehirn liebt** die **Abwechslung**.

8. Motivieren.
Jeden Tag nach dem Lernen sollte es etwas geben, worauf du dich **freuen** kannst (spielen, ins Kino gehen . . .).

9. Wiederholen.
Beim Wiederholen festigst du den Stoff. Ein heißer Tip: **Abendwiederholung**. Das Gehirn lernt weiter, während du schon schläfst. Das funktioniert aber nur, wenn du nach der Abendwiederholung dein Gehirn mit nichts anderem mehr belästigst.

10. Prüfung.
Wenn du ängstlich bist, „spiele" zu Hause **Prüfung**. Das macht selbstbewußter, und du gehst gestärkt zur echten Prüfung.

DAS HAUPTWORT
THE NOUN

Die regelmäßige Mehrzahl

An das Hauptwort wird einfach ein **-s** angehängt.
Endet das Hauptwort in einem Zischlaut, wird **-es** angehängt.
Zischlaute sind -s, -sh, -ch, -x oder -z.

Mehrzahlbildung mit **-s**	Mehrzahlbildung mit **-es**
apple → apple**s**	bus → bus**es**
pen → pen**s**	kiss → kiss**es**
desk → desk**s**	fox → fox**es**
boy → boy**s**	watch → watch**es**

[kisiz]

Ist doch einfach, oder? In drei Fällen mußt du
aber besonders auf die **Rechtschreibung** achten:

☆ Bei Wörtern,
die auf **Mitlaut + y** enden:

ci**ty**	→	ci**ties**
la**dy**	→	la**dies**
fl**y**	→	fl**ies**

☆ Bei Wörtern,
die auf **Selbstlaut + y** enden:

bo**y**	→	bo**ys**
da**y**	→	da**ys**
to**y**	→	to**ys**

☆ Bei Wörtern,
die auf **f oder fe** enden:

shel**f**	→	shel**ves**
wi**fe**	→	wi**ves**

Bilde die Mehrzahl dieser Hauptwörter.

story	face	box	girl
cigarette	bottle	family	wolf
knife	bush	house	pen
fox	car	life	match
cow	glass	teacher	bridge

Bilde die Mehrzahl der in Klammer stehenden Hauptwörter und setze ein.

example: *(cat)* Cats are animals.

1 (orange) _____ are like (tangerine = Mandarine) _____ .

2 (computer) _____ have (screen = Bildschirm) _____ .

3 (boy) _____ and (girl) _____ are kind to

(dog) _____ .

4 (horse) _____ can run fast.

5 Sometimes (lesson) _____ are funny.

6 (lady) _____ like nice (dress) _____ .

7 (door) _____ have (key) _____ .

8 (painter) _____ paint (picture) _____ .

9 (river) _____ have (bridge) _____ .

10 (fox) _____ sometimes hide in (bush) _____ .

Die unregelmäßige Mehrzahl

Nicht alle Hauptwörter bilden die Mehrzahl mit -(e)s. In diesem Fall spricht man von der unregelmäßigen Mehrzahl. Hier findest du diejenigen „unregelmäßigen" Hauptwörter, die du am Ende der ersten Klasse kennen solltest. Da sie keiner „Regel" folgen, präge sie dir durch ständiges Wiederholen ein.

man	→	**men**
woman	→	**women** [wimin]
child	→	**children**
mouse	→	**mice**
foot	→	**feet**
tooth	→	**teeth**
goose	→	**geese**

Bilde die Mehrzahl dieser Hauptwörter.
Achtung: Es kommen auch „unregelmäßige" Formen vor!

shelf	man	knife	tooth	door
goose	foot	woman	rabbit	wife
crocodile	wolf	glass	mouse	book

Jetzt alles gemischt! Setze die Einzahl in die Mehrzahl und die Mehrzahl in die Einzahl. Dabei mußt du höllisch aufpassen!

✓ richtig

○ ○ ○ ○	cars	geese	boy	teeth
○ ○ ○ ○	pencil	lady	radio	motor bikes
○ ○ ○ ○	children	streets	lion	pizza
○ ○ ○ ○	box	dogs	book	wolves
○ ○ ○ ○	mouse	men	cities	pupil

Hast Du 18 oder mehr Richtige:
CONGRATULATIONS!
Wenn nicht: Arbeite die Regeln auf
Seite 10 und Seite 12 noch einmal durch!

Da die meisten Hauptwörter sowohl in der Einzahl als auch in der Mehrzahl stehen können, kann man sagen:

a *house* → **some** *houses* (**einige** Häuser)
an *orange* → **some** *oranges* (**einige** Orangen)

Hauptwörter, die keine Mehrzahl kennen, verhalten sich anders.
Du kannst nicht sagen: **a** *water* oder **a** *bread*, weil du auch nicht *two waters* und *five breads* sagen kannst. Daher gilt:

a bottle (glass, liter) of *water*
↗ **two bottles (glasses, liters) of** *water*
↘ **some** *water* (**etwas** Wasser)

a piece (oder **pound**) **of** *bread*
↗ **five pieces (pounds) of** *bread*
↘ **some** *bread* (**etwas** Brot)

Eine kleine Tabelle soll dir helfen, dich besser zurechtzufinden:

zählbar		nicht zählbar	
a/an	some (einige)	a + Menge	some (etwas)
an apple	**some** apples	**a cup** of tea	**some** tea
a tree	**some** trees	**a bottle** of coke	**some** coke

13

Setze *a/an, a + Menge* oder *some* vor die folgenden Hauptwörter. Manchmal sind auch zwei Nennungen möglich!

examples: milk → a glass of milk, some milk
           T-shirt → a T-shirt
           oranges → some oranges

shirt – album – soup – teachers – hamburger – rain – village – baskets – sand – snow – parties – watch – toys – pizza – plant – evening – weekends – smoke – flower – time – girls – city – CDs.

Setze *a/an, a + Menge* oder *some* ein.

☑ richtig

○ Can I have ... coffee, please?
○ You've got ... nice sticker album, Dave.
○ Ian will invite ... boys and girls from his class to a barbecue party.
○ Mum, I've got ... letters for you.
○ I can see ... open window. Please shut it!
○ Jerry wants ... toast. – He can have two pieces.
○ We watch video films together on ... evenings of the week.
○ I need ... paper. I want to make ... paper animals.
○ I'd like to have ... piece of cake and ... tea.
○ Policeman: "We must ask you ... questions, sir."
○ "Arsenal" are ... English football club.
○ That's ... good idea, Melanie.
○ Let's get ... apples and cheese for lunch.
○ There is ... fly (Fliege) in the milk bottle.
○ Do you want ... ice cream, Billy?
○ Bring ... bottles of mineral water, please.
○ We need ... money to buy Christmas presents.
○ Dad wants to have ... sugar for his coffee.

Hast Du 16 oder mehr Richtige: **SUPERSTAR!**
Bei weniger als 16 arbeite die Regel
auf Seite 13 noch einmal durch!

many – much – a lot of

many und **much** werden oft miteinander verwechselt.
Das muß aber nicht sein, denn:

- ☆ **many** [meni] heißt **viele**

- ☆ **many** verwendest du dann, wenn du
  das Beschriebene **zählen** kannst.

- ☆ Das nachfolgende Hauptwort
  steht immer in der **Mehrzahl**.

Many boys in my class like apples.

- ☆ **much** [mʌtʃ] heißt **viel**

- ☆ **much** mußt du verwenden, wenn du
  das Beschriebene **nicht zählen** kannst.

- ☆ Das nachfolgende Hauptwort
  steht immer in der **Einzahl**.

We usually have **much** fun at Mary's parties.

Verwende **many** und **much** nur in Fragen und in verneinten Sätzen.
Verwende **a lot of** oder **lots of** in „normalen" Aussagesätzen.
Das ist besseres Englisch und schützt vor Verwechslungen.

Tourists always ask **a lot of** questions. (statt **many**)
Uncle Scrooge (Onkel Dagobert) has got **lots of** money. (statt **much**)

Zwei sehr häufig gebrauchte Fragen mit *many* und *much*:

How many (Wie viele?)	How much (Wie viel?)
How many stamps have you got?	**How much** is this red T-shirt?

Setze *many* oder *much* vor die fehlenden Wörter,
auch wenn *lots of* oder *a lot of* besser wäre.

example: fun → much fun friends → many friends

milk – tea – petrol – men – work – children – presents – food – verbs –
grass – bread – windows – apple juice – jam – snow – parties – model
planes – music – tigers – CDs.

Setze die passenden Wörter in die Lücken *(many, much, a lot of/lots of)*.

✔ richtig

○ My parents always ask me ... questions about school.
○○ Can you really eat so ... hamburgers and drink so ... coke?
○ There are ... animal posters in our classroom.
○ Why is there so ... water on the floor? – It's raining outside.
○ How ... is this computer game? – Thirty pounds.
○ ... children like pizza and spaghetti.
○ How ... animals can you see in this picture? – Seven.
○ They've got ... baby turtles in the new pet shop.
○ I always get ... presents from my grandparents on my birthday.
○ Please, Mr Gray, that's too ... homework for tomorrow!
○ Let's go into the garden. There's too ... smoke in the room.
○ How ... new teachers have you got this year? – Two or three, I think.
○ In our new flat (Wohnung) we want to have ... plants and flowers.
○ I don't like this juice. There's too ... water in it.
○ ... people will come to the "Aerosmith" concert.
○ We can't go to my room because there are so ... things on the floor.
○ Let's run! We haven't got ... time!
○ Why have you got so ... paint on your coat? – I'm painting a picture.
○ ... birds come to our garden in winter.
○ How ... records has your dad got? – Hundreds!

18 oder mehr Richtige: **YOU'RE TOP!**
Bei weniger als 18 arbeite
die Regeln auf Seite 15 noch einmal durch!

POWERMUDRA

Müde? Erschöpft? Verzweifelt?
Das Powermudra gibt dir Kraft für deine Aufgaben:

Du legst Daumen und Ringfingerkuppen zusammen und den Zeigefinger auf das erste Daumengelenk.
Du kannst es auch nur mit rechter oder linker Hand halten.
Dauer der Übung: mindestens 3 Minuten. Führe das Powermudra mindestens 6mal täglich durch.

Stell dir einmal vor,
du bist Besitzer eines tollen Autos. Es kann schnell fahren, es bringt dich gut und sicher an jedes von dir gewünschte Ziel. Du braust gerade auf der Autobahn dahin, aber plötzlich stottert der Motor. Du drückst stärker aufs Gaspedal, trotzdem wird dein Auto immer langsamer und bleibt sogar stehen. Du kannst nun schimpfen, einen Kopfstand machen, das Auto neu lackieren, die Mitfahrer rausschmeißen – das Auto wird sich keinen Zentimeter bewegen. Wenn dein Auto keinen Treibstoff mehr hat, kannst du tun, was du willst. Du mußt das Richtige tun: **TANKEN!** Dann kannst du deine Fahrt fortsetzen und kommst ans Ziel.
Ebenso ist es mit deiner eigenen Kraft. Wenn deine Energie zu niedrig ist, hast du es sehr schwer, eine gute Lernleistung zu erbringen. Von leicht und locker zu schaffen, was Lehrer und Eltern von dir fordern, ganz zu schweigen.
Unlust, Müdigkeit, Ärger oder Verzweiflung breiten sich in deinem Körper aus. Sie zehren an deiner Energie. Wie willst du aber eine Leistung bringen, wenn dein Tank leer ist?

Daher heißt's auftanken mit dem Powermudra!

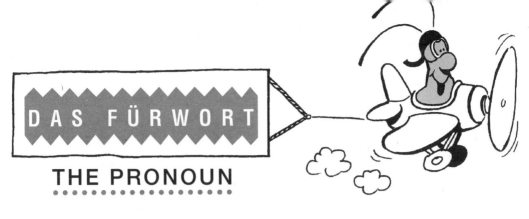

DAS FÜRWORT

THE PRONOUN

Das persönliche Fürwort
(the personal pronoun)

Fürwörter sind **Ersatzwörter**. Sie treten an die Stelle von **Hauptwörtern** (Personen oder Tiere oder Sachen). Dazu ein Beispiel:

Statt	**Doris** *is not here.*	kann man auch sagen:	**She** *is not here.*
Statt	*I like* **Doris.**	kann man auch sagen:	*I like* **her.**

She und **her** sind also Ersatzwörter für **Doris**.

Überprüfen wir nun, ob „Doris" in beiden Sätzen den gleichen Satzteil bildet. Du hast sicher erkannt, daß das nicht der Fall ist!

Im Satz	**Doris** is not here.	ist „Doris" das **Subjekt**.
Du fragst danach mit	**Who** is not here?	
	Wer ist nicht da?	

Im Satz	I like **Doris**.	ist „Doris" das **Objekt**.
Du fragst danach mit	**Who(m)** do I like?	
	Wen mag ich?	

Das **persönliche Fürwort** kann also **Subjekt** oder **Objekt** sein. Man spricht daher auch vom **Subjektfall** *(subject case)* und vom **Objektfall** *(object case)*.

BABYLEICHT

Die persönlichen Fürwörter im Subjektfall			
I	ich	we	wir
you	du/Sie	you	ihr/Sie
he	er		
she	sie	they	sie
it	es		

I ... sagt man, wenn man über sich selbst spricht; wird immer groß geschrieben, nicht nur am Satzanfang („Römische Eins").

you ... sagt man, wenn man mit einer oder mehreren Personen spricht; dabei ist es egal, ob man „du" oder „ihr" oder „Sie" meint.

he ... sagt man, wenn man über einen Mann (Knaben) spricht; z. B.: *Mr Brown; Mac.*

she ... sagt man, wenn man über eine Frau (Mädchen) spricht; z. B.: *Mrs Brown; Susi.*

it ... sagt man, wenn man über eine Sache oder ein Tier spricht: *the ball; Wuffy.* (Bei Haustieren verwendet man aber **he** oder **she**.)

we ... sagt man, wenn man über sich und andere spricht; z. B. *Dad and I; the girls and I; Mac, Charlie and I.*

they ... sagt man, wenn man über zwei oder mehr Personen, Sachen oder Tiere spricht: *the houses in our street; Mac and Susi.*

Setze das passende *personal pronoun (subject case)* ein.

example:　　Where is your English book, Morris? –
　　　　　　Sir, it is on the bookshelf.

1　Are the boys very tired? – Yes, I think ... are.
2　Is Monica in the classroom? – No. I think ... is not here today.
3　This is Alan. ... is in my class this year.
4　I like Mrs Sanders. I think ... is a super teacher.
5　Susan and I have got ten dollars. ... want to buy some stickers.
6　Sandra, can ... see Miss Jones? – Yes, ... can! ... is in the car park.
7　Look, a ladybird (Marienkäfer)! Let's put ... back in the grass.
8　Jennifer and Tim, are ... ready? – Yes, ... are.

Setze das passende *personal pronoun (subject case)* ein.

　　☑ richtig

OO　How are ... Michelle? – Thanks, ... am fine.
O　The children are in the garden. ... are playing rugby.
O　Martha and I are good friends. ... often watch TV together.
OO　Diana, are ... in your room? – No, mum, ... 'm over here in the living room.
OOO　Paul and Michael, what are ... doing? – ... 're repairing Paul's bike! ... has got a flat (Reifenpanne).
O　Mr Smith, can ... come here, please?
OO　My sister and I have got a little turtle (Wasserschildkröte). ... is green, with red and yellow spots. ... like turtles very much.
OO　Brian, can ... do this exercise? ... is very easy.
O　Mary, look at this skirt. Isn't ... beautiful?
O　You must talk to Judy. ... is a very nice girl.
O　Don and Daniel are twins (Zwillinge). ... are 13 years old.
O　Benjamin lives in Berlin now, but ... is from England.
O　Maggie and Olivia, can ... take this letter to the post office, please?

17 oder mehr Richtige: **GREAT!**
Bei weniger als 17:
Arbeite die Seiten 19 und 20 noch einmal durch!

Die persönlichen Fürwörter im Objektfall

Davon gibt es sieben und wieder kommt eines zweimal vor.
Ist es das gleiche Wort wie im Subjektfall?

I	am sitting under the desk.	Can you see	me?
You	are sitting under the desk.	I can see	you.
He	is sitting under the desk.	Can you see	him?
She	is sitting under the desk.	We can see	her.
It	is sitting under the desk.	I can't see	it.
We	are sitting under the desk.	Can't you see	us?
You	are sitting under the desk.	We can see	you.
They	are sitting under the desk.	You can see	them

Damit die Verwirrung
nicht zu groß wird:
die verschiedenen Bedeutungen von
you:

du, dir, dich	ihr, euch	Sie, Ihnen

Setze das passende *personal pronoun (object case)* ein.

example: Where is Sonya? I don't know. I can't see **her**.

1 The flowers are for ..., Mum. Do you like ...?
2 Shut your books and put ... on your desks, please.
3 We are over here, Thomas. Can't you see ...?
4 This is a difficult exercise. Can you help ..., please?
5 Richard is here now.
   Let's ask ... about the concert.
6 Can I borrow your car next
   Sunday, dad? I really need ... .
7 I can't find Charlotte.
   I've got a letter for ... .
8 Bobby, come here. I want
   to speak with ... !

Setze das passende *personal pronoun (object case)* ein.

1 Catherine: "Boys are silly! I don't like ...!"
2 Is this your comic book, Adrian? – Yes, sir. – Put ... in your schoolbag and don't take ... out again.
3 Look, the old lady wants to cross the street! Let's help ...!
4 Chris is my best friend. I often play chess (Schach) with ... .
5 Suzanne and Jerry are late again. Let's wait for ... .
6 Barbara, wait for ..., please. I want to talk to ... .
7 Children, I can't see ...; where are ...?
8 Dad, can you come to school tomorrow? Mr Larkin wants to see ... .

Verkürze die folgenden Sätze mit Hilfe eines Fürworts *(subject case or object case?)*.

example: Show **Mr Blair** your stamp collection, Frank.
                Show *him* your stamp collection, Frank.

1 Don't tell **Sally** this story, please.
2 **Jonathan** likes chips, but his sister doesn't.
3 Let's switch **the TV** on and see what's on.
4 Please bring **the cassettes** back on Monday.
5 **My brother and I** are going to get flowers for mother.
6 Let's hide **Bob's folder** in his desk.
7 David, can you help **George** with this exercise?
8 **The Collinses** are going to buy the new "Rover".
9 Ronny, call **Linda** tomorrow. It's important (wichtig).
10 Angela, tell **Mrs Jenkins and me** about your dream.
11 How much is **this video cassette**? – Four pounds fifty.
12 I like **Bruce and Willie**. They are okay.
13 **My younger sister** hates swimming but I love swimming.
14 **Wendy** likes her new blue jeans better than (als) her old ones.
15 Ask **Harry**! He knows all the answers.

23

Setze in den zweiten Sätzen die entsprechenden Fürwörter ein. Sie müssen zu den **fettgedruckten** Wörtern in den ersten Sätzen passen.

example: Here are **the books** for **Miss White**. Please give *them* to *her*

⊘ richtig

○○ You are writing with **my pen**. Please give ... back to ...!
○○ **The flowers** are for **Kate**. Please give ... to ... .
○ I want to talk to **Jack Green**. Please tell ... to come here.
○○ I've got **new inline skates** for **the girls** but don't tell ... about ... .
○ **We** must call Margaret. Please give ... her telephone number.
○○ **I** cannot do **this exercise**. Can you help ... with ...?
○ Where are **the girls**? I can't hear ... .
○ **Shaquille O'Neal** is a fantastic basketball player. I have seen (gesehen) ... on TV.
○ Your **clothes** are on the floor! Put ... in the washing machine, please.
○○ There are **some letters** for **Mr and Mrs Hendricks**. Shall (soll) I take ... over to ...?
○○ **I** need **some paper** to write a letter. Can you get ... for ..., please?
○ Look, there's **Mr Thompson**. Don't forget to ask ... for the money.
○ Is this **Brenda Watkins**? – I'm sorry but I don't know ... .
○○ **James and Bill** are not at home. ... are in the park with the other boys. Let' go and play with ... .
○○○ **Paula and I** want to visit **Stephen**, but ... do not know where ... lives. Can you show ... the way, please?

22 oder mehr Richtige: *FANTASTIC!*
Bei weniger als 22 arbeite die Seiten 19, 20 und 22 noch einmal durch!

24

MAXWELL'S PUZZLE

1. In diesem Bilderrahmen verstecken sich sieben persönliche Fürwörter *(subject case)*. Kannst du sie finden? Zwei Buchstaben bleiben übrig. Sie ergeben das Lösungswort.

AH IT
WE TH
I SHE
YOU Y

LÖSUNGSW.

2.

3. CHIMPANZEE

2. TYRANNOSAURUS

1. HAMSTER

7. TERMITE HILL
1 3 4 2

5. WAPITI

4. RHINOCEROS

6. OCTOPUS

1. _____
2. _____
3. _____
4. _____
5. _____
6. _____ THEM
7. _____

In jedem Tiernamen versteckt sich ein persönliches Fürwort *(object case)*. Kannst du es finden?

Das besitzanzeigende Fürwort (the possessive pronoun)

Wenn man sagen will, wem etwas gehört – wenn man also „den Besitz anzeigen" will –, kann man entweder

☆ den Besitzer nennen (2. Fall, Genitiv: *Frank's room, the boys' toys, . . .*)
☆ oder stattdessen ein Ersatzwort, das besitzanzeigende Fürwort, angeben.

Man kann daher sagen:

This is **Sarah's** father. Here are **the girls'** dolls.
oder   This is **her** father. Here are **their** dolls.

Her und **their** sind hier die Ersatzwörter für **Sarah** und **the girls**.

Die possessive pronouns sind eng mit den *personal pronouns* verbunden. Es ist daher sinnvoll, wenn du die zwei „Familien" gemeinsam übst:

A

I	I have got a car.	It is	my	car.
you	Have you got a cat?	Is this	your	cat?
he	Jim has got a turtle.	It's	his	new pet.
she	Mum has got a new job.	It's	her	third job.
it	The mouse lives here.	It's	its	home.
we	Sam and I have got a rat.	It's in	our	room.
you	Children, this is Mr Smith.	He is	your	new teacher.
they	The girls like jazz dance.	It is	their	hobby.

PERSONAL PRONOUNS

POSSESSIVE PRONOUNS

Setze statt des 2. Falles die *possessive pronouns* ein.

example: **Timmy's** bike → his bike

1 my sister's friends
2 the cat's rubber mouse
3 Tom's and my room
4 the Browns' dog

5 Andy's and Jack's clothes
6 Richard's roller skates
7 Emily's new car
8 my parents' bedroom

TiP Vorsicht, Falle! In diese Falle tappen auch erfahrene „Englischveteranen" manchmal noch hinein. Mit etwas Nachdenken und Üben ist sie aber leicht zu umgehen. Das Problem liegt bei dem (deutschen) Wort **ihr**, wie du gleich sehen wirst:

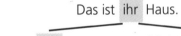

Das ist ihr Haus.

This is her house.

(Das Haus gehört einer Frau oder einem Mädchen.)

This is their house.

(Das Haus gehört mehreren Menschen, egal ob Frauen oder Männern.)

SUSI AND **HER** FAMILY LIVE HERE.
THEIR NEIGHBOUR IS MR JONES.
HIS DOG IS CALLED LUCKY.
I HATE **HIM**!

Ersetze den 2. Fall durch *her* oder *their*. Bedenke dabei immer, ob es sich dabei um einen oder mehrere Besitzer handelt.

example: **Mrs Johnson's** baby = **her** baby (eine „Besitzerin")
the Johnsons' house = **their** house (mehrere Besitzer)

1 Anne's new CDs
2 Mother's photo album
3 the Millers' new car
4 the comics of the children
5 Julia's camcorder
6 my friends' house
7 Linda's and Mary's doll house
8 Linda's mother's job
9 Sharon's guitar
10 Freda's sticker album

Setze die passenden *possessive pronouns* ein. Denke mit: jeder Satz enthält ganz deutliche Hinweise!

example: Hey, this is *my* ruler! Give it back to **me**!
             (Der deutliche Hinweise ist das Wort *me*; es kann daher nur *my ruler* heißen.)

1 Rita likes ... cat very much.
2 Nick, is this ... T-shirt? – Yes, it is. Thanks.
3 My brother Walter and I like making model planes. ... father some-times helps us.
4 This is Alfred and that's ... sister Miriam.
5 Suzie and ... sister are not here today.
6 Leo and ... dog are the best of friends.
7 The O'Henrys often visit ... friends at the weekend.
8 Mrs Tyler says we must do ... homework now.
9 I don't know where ... glasses (Brille) are. I can't see without them.
10 Bobby, please show me ... homework for today.
11 Is this ... bike, Alf? – No, ... bike is red, not blue.
12 Robert, Sandra and ... parents live in Hamburg now.

Und nun zum Abschluß noch einmal alle persönlichen und besitzanzeigenden Fürwörter in einer Tabelle – zum raschen Nachschauen und Finden!

Einzahl (singular)			Mehrzahl (plural)		
personal pronoun subject case	possessive pronoun	personal pronoun object case	personal pronoun subject case	possessive pronoun	personal pronoun object case
I	my	me	we	our	us
you	your	you	you	your	you
he	his	him			
she	her	her	they	their	them
it	its	it			

Welches Fürwort (*personal* oder *possessive*) paßt? Streiche die falschen weg und kreise das passende ein.

example: Jason and ~~he~~ / (his) / ~~him~~ father often go fishing in ~~they~~ / (their) / ~~them~~ new boat. I sometimes come with ~~they~~ / ~~their~~ / (them).

1. I like Angie and she/her sister. They/Their/Them are very nice and friendly girls.
2. Children, can you/your show me/my the way to the bank?
3. Peter, you/your can put the book back on the bookshelf. I/me don't need it/its now.
4. Help me/my please. I can't find me/my pencil case.
5. Roy and he/his/him friends are playing football. Let's play with they/their/them.
6. Where are we/our/us tickets (Eintrittskarten)? – I have no idea. Perhaps they/their/them are in the drawer.
7. Look, there's Rosie. Today is she/her birthday. – How old is she/her?
8. I don't like Peter and his/him friends. I think they/their/them are silly.

Setze das passende Fürwort (*personal* oder *possessive*) ein.

☑ richtig

○○ Mr Wilson is 27 years old. ... is a teacher. This here is ... car.
○○ Sally, is this ... pen? – No, it's Peggy's. ... pen is on the desk.
○ Look, there are Pamela and George. ... are in my class.
○○ Stella and Karen are sisters. ... hobby is computering. I've got some disks for ... .
○○ My name is Jason Baxter. ... live in Burton Street. Have you got a letter for ...?
○○ Marcia has got a brother. ... name is Rick. I go to school with ... .
○○ Ron and I play in a football team. ... coach (Trainer) is very good. He tells ... when we do something wrong.
○○○ I like ... socks, Ted. Does your mum make ... for ...?

14 oder mehr Richtige: **YOU'RE THE GREATEST!**
Bei weniger als 14 arbeite die Seiten 26 bis 28 noch einmal durch!

Das hinweisende Fürwort *(the demonstrative pronoun)*

Der Name erklärt sich eigentlich von selbst, findest du nicht?
Ein hinweisendes Fürwort weist eben auf etwas hin;
das kann eine Person, eine Sache, ein Tag, irgend etwas sein!
Die zwei wichtigsten sind **this** und **that**.

singular	plural	
this [ðis]	these [ði:z]	(dieser/diese **hier**)
that [ðæt]	those [ðəuz]	(dieser/diese **dort**)

Aus der Tabelle erkennst du den Unterschied zwischen den zwei Wörtern:

this / these bezeichnet das, was **sehr nahe** beim Sprecher liegt
that / those bezeichnet das, was **weiter weg** vom Sprecher liegt

Dazu ein Beispiel:

THIS IS MY CAR AND
THAT'S MAC'S CAR, OF COURSE!

Es kommt bei diesen Wörtern – wie so oft im Leben – auf den Standpunkt an. Was für den einen *this* und *these* ist, ist für den anderen *that* und *those*.

Sieh dich an deinem Arbeitsplatz um und sag dir laut Sätze mit *this/these* und *that/those* vor, etwa so:

"This is my desk and that is the bookshelf."
"These are my exercise books and those are my books."

ERDKNÖPFE UND RAUMKNÖPFE

Du liest etwas, kannst es dir aber nur schwer merken?

Halte deine Erdknöpfe:

Du berührst mit je zwei Fingern der einen Hand den Rand deines Schambeins und mit zwei Fingern der anderen Hand den Punkt unterhalb der Unterlippe.

Dauer der Übung: 2 Minuten.

Passieren dir Fehler beim Abschreiben von der Tafel?

Halte deine Raumknöpfe:

Du berührst mit zwei Fingern der einen Hand das Steißbein. Es befindet sich am unteren Ende der Wirbelsäule. Mit zwei Fingern der anderen Hand berührst du den Punkt oberhalb der Oberlippe. Die Erdknöpfe und Raumknöpfe kannst du auch sanft massieren.

Dauer der Übung: 2 Minuten

DAS EIGENSCHAFTSWORT

THE ADJECTIVE

☆ Eigenschaftswörter beschreiben
die **Eigenschaften eines Hauptwortes** näher.
☆ Eigenschaftswörter stehen
unmittelbar vor dem Hauptwort.

a cat	→	a	nice	cat
a kiss	→	a	sweet	kiss
a glass of milk	→	a glass of	hot	milk

Hilf Mac und Maxwell beim Mauerbauen. Setze die Eigenschaftswörter vor
die passenden Hauptwörter, so daß sich sinnvolle Zusammenhänge
ergeben.

example: sweet – cake (Kuchen) →   a sweet cake

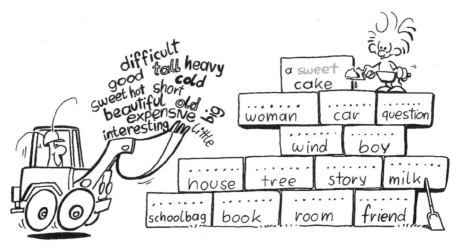

Überprüfe, ob du sinnvolle Paarungen gefunden hast. Zum Beispiel klingt
a difficult house lustig, ergibt aber keinen Sinn!

32

DAS ZEITWORT

THE VERB

DIE GEGENWART

THE PRESENT TENSE

Es gibt in jeder Sprache Wörter, die eine Tätigkeit ausdrücken. Man nennt sie Verben, manchmal auch Tun-Wörter oder eben Zeitwörter.

Zeitwörter heißen sie, weil sie uns sagen, wann diese Handlung geschah, geschieht oder geschehen wird.

Alle jene Wörter, die Handlungen in verschiedenen Zeitstufen ausdrücken, nennt man **Hauptzeitwörter** oder Vollverben.

Daneben gibt es aber auch die wichtige Gruppe der **Hilfszeitwörter**. Sie sind die „kleinen Helfer" der Hauptzeitwörter:

A

Hilfszeitwörter der Zeit	Hilfszeitwörter der Aussageweise
haben – to have	können – can
sein – to be	dürfen – may / can
werden – - - -	müssen – must
	sollen – shall
	- - - – will

TiP Vielleicht kennst du die zwei Merkreime?
☆ „Haben, sein und werden sind die drei Hilfszeitwörter auf Erden."
☆ „Können, dürfen, wollen – müssen, mögen, sollen."
Wenn ja, dann fällt dir sehr wahrscheinlich sofort auf, daß nicht alle Hilfszeitwörter einen „Zwilling" in der anderen Sprache haben. Aber keine Sorge, es geht auch ohne sie!

33

to be und to have

„Haben" (**to have**) und „sein" (**to be**) sind die zwei wichtigsten Hilfszeitwörter. Du solltest ihre Formen gut beherrschen! Du wirst immer wieder auf sie treffen und sie auch selbst anwenden müssen.

Die Formen von **to be**				
ich	bin	→	I	am
du	bist	→	you	are
er	ist	→	he	is
sie	ist	→	she	is
es	ist	→	it	is
wir	sind	→	we	are
ihr	seid	→	you	are
sie	sind	→	they	are

Die Formen von **to have**				
ich	habe	→	I	have
du	hast	→	you	have
er	hat	→	he	has
sie	hat	→	she	has
es	hat	→	it	has
wir	haben	→	we	have
ihr	habt	→	you	have
sie	haben	→	they	have

Was du gliederst, kannst du besser behalten. **Markiere** Wesentliches **bunt**, mache dir am Rand Notizen.

Setze die richtigen Formen von *to be* ein.

example: Marcus and I are good friends.

1 Marcus _____ my best friend.

2 I _____ very hungry.

3 My cat _____ not okay.

4 Joe and Nick _____ in the park.

5 We _____ tired.

6 _____ Mary in your class?

7 _____ your parents at home?

8 _____ I late?

TO BE OR NOT TO BE, THAT IS THE QUESTION!

Setze die richtigen Formen von *to have* ein. (Diese Übung ist leichter, weil es ja nur zwei Formen gibt: *have* und *has*.)

example: My grandmother **has** got a funny car.

1 Monica, _____ you got a red pencil for me?

2 My mum _____ got a new blue dress.

3 Who _____ got my English books?

4 Dorothy _____ got the flu.

5 The children _____ got a lot of work to do.

6 My dog "Lenny" _____ got a blue rubber ball.

7 Jack and I _____ not got enough money for a new computer game.

8 The table in our living room _____ three legs, not four.

Lies dir den folgenden Text aufmerksam durch und unterstreiche alle Hilfszeitwörter grün, alle Hauptzeitwörter blau.

In a big wood there lives a little rabbit. He is a sweet white bunny. His name is Lollo. He can run and jump, and he likes to eat green grass. Lollo has a little sister. They must help their mother to clean the rabbit hole (Kaninchenbau), and when they are good bunnies, they can eat a big red carrot.

Die dritte Person Einzahl und das -s
(the 3rd person singular -s)

Es fällt auf, daß die Hauptzeitwörter im Englischen – anders als im Deutschen – fast immer gleich aussehen:

ich	sag**e**	I	say
du	sag**st**	you	say
er	sag**t**	he	say**s**
sie	sag**t**	she	say**s**
es	sag**t**	it	say**s**
wir	sag**en**	we	say
ihr	sag**t**	you	say
sie	sag**en**	they	say

Aber eben nur fast, und fast heißt nicht immer! Die „Ausnahme" bildet die dritte Person Einzahl oder *3rd person singular*:
In dieser Person – also bei *he*, *she* und *it* sowie bei **Namen** und dem Fragewort *who* – wird an das Hauptzeitwort ein **-s** angehängt.

In einigen Fällen wird **-es** angehängt:

☆ Nach einem Zischlaut
(-s, -sh, -ch, -x)
sowie bei *go* und *do*:

wash	→	he wash**es**
go	→	he go**es**
do	→	he do**es**

☆ Wenn das Hauptzeitwort
auf Mitlaut + y endet;
außerdem wird das y zu i:

cry	→	she cr**ies**
try	→	she tr**ies**
fly	→	she fl**ies**

Setze in die dritte Person Einzahl.

example: say/she → she says

sit/he	watch/he	wash/she	go/she
fly/it	sleep/it	push/he	dress/he
sing/she	do/he	play/he	try/she

Bilde die dritte Person Einzahl der in Klammer stehenden Zeitwörter und setze ein.

☑ richtig

○ Johnny (like) _____ to sleep late in the morning but he

○○ (have) _____ to get up at 6. Sometimes he (wash) _____ his

○○ hair. When he (be) _____ very hungry he (have) _____ a

○ good breakfast. He always (drink) _____ a cup of chocolate.

○○ He (say) _____ that he (need) _____ hot chocolate.

○ He (walk) _____ to school with his friends. He (like)

○○ _____ his friends and he (like) _____ school. He (feel)

○○ _____ good there. Johnny (be) _____ a very nice young man.

11 oder mehr Richtige: **GREAT!**
Bei weniger als 11 arbeite die Seite 36 noch einmal durch!

Ein Tip unter Freunden: Dreh jetzt ungefähr eine halbe Stunde lang keinen Walkman oder Kassettenrecorder, kein Radio und keinen Fernseher auf und spiele nicht mit deinem Computer. Spiele mit irgend etwas anderem. Während du spielst, ordnet dein Gehirn noch einmal alles, was du gelernt hast. Störe es dabei nicht!

VON WELCHEM HIRN IST DA DIE REDE?

Die einfache Gegenwart und die Verlaufsform
(present simple and present progressive)

Die Verwendung

Jede Sprache hat ihre Eigenarten,
an die sich Anderssprachige erst
gewöhnen müssen. Im Deutschen
sind das zum Beispiel die drei Artikel.
Ein typisches Merkmal der englischen
Sprache ist die **progressive form**
(auch **expanded form** oder

continuous form genannt, oder „Dauerform", „Verlaufsform" oder
„ing-Form").

Und worum geht es nun eigentlich?
Schau dir diese zwei Sätze an; vielleicht hast du schon einen „Verdacht":

| ☆ | Peter | walks | to school every morning. | *(present simple)* |
| ☆☆ | Peter | is walking | to school now. | *(present progressive)* |

Was sagt Satz ☆?
Er sagt, daß Peter jeden Tag zu Fuß zur Schule geht. Er nimmt nicht Bus
oder Bahn, er fährt nicht mit dem Rad oder sonst wie, nein, er geht zu
Fuß, und das jeden Tag und immer mit dem gleichen Ziel!

Was sagt Satz ☆☆?
Er sagt, daß Peter eben jetzt – in diesem Augenblick – zu Fuß in die Schule
unterwegs ist. Wir können ihn dabei beobachten, und vielleicht sieht er
uns und winkt uns zu.

Verwendung present simple	Verwendung present progressive
etwas geschieht regelmäßig	etwas geschieht jetzt gerade
every (day, week, year, . . .), always, usually, never, often, sometimes, normally	now, look, listen, today, at this moment
Every morning I get up at 6.30. We always have steak on Sunday. The sun rises in the east.	Listen, mum is speaking! Hey, you are sitting on my chair! Today I am eating Chinese food.

Signal-Wörter

Die Bildung

present simple		
I often	drink	tea.
You often	drink	tea.
He often	drinks	tea.
She often	drinks	tea.
It often	drinks	tea.
We often	drink	tea.
You often	drink	tea.
They often	drink	tea.

present progressive			
I	am	drinking	tea now.
You	are	drinking	tea now.
He	is	drinking	tea now.
She	is	drinking	tea now.
It	is	drinking	tea now.
We	are	drinking	tea now.
You	are	drinking	tea now.
They	are	drinking	tea now.

base form (+ s)
base form (+ es)

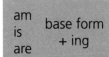

am
is
are
base form
+ ing

present progressive = am/is/are + base form + -ing

Beachte zwei Rechtschreibregeln im Zusammenhang mit der *present progressive:*

☆ Das stumme **„e"** am Ende der *base form* fällt weg, wenn -*ing* angehängt wird.
*writ**e** + ing = writing   hop**e** + ing = hoping   com**e** + ing = coming*

☆ Bei kurzen Wörtern verdoppelt sich der Mitlaut am Wortende, wenn vorher ein Selbstlaut steht.
*run + ing = run**n**ing   swim + ing = swi**mm**ing   sit + ing = si**tt**ing*

Setze das Zeitwort in *present simple*. Überlege bei jedem Satz, warum *present simple* stehen muß.

example: **Every day** Benny (do) an exercise. –
Every day Benny does an exercise.
(„*Present simple*, weil es jeden Tag geschieht.")

1 We usually (wash) our hands before dinner.
2 Grandma never (go) to the cinema.
3 Our dog often (bark) in the night. (bellen)
4 Our cat never (eat) ice-cream.
5 Every birthday my mum (get) some flowers.
6 Horses normally (run) faster than donkeys. (Esel)
7 I (like) pizza better than porridge. (Haferschleim)
8 Most girls (have) a boy-friend when they get older.

Übe erst dann *present progressive*, wenn du *present simple* wirklich verstanden hast.

Setze das Zeitwort in *present progressive* und überlege wieder bei jedem Satz, warum das so ist.

example: **Look**, our teacher (come). – Look, our teacher is coming.
(„*Present progressive*, weil er jetzt gerade kommt.")

1 Look, that old man (ride) a bike.
2 Look at him! He (smoke)!
3 Listen, the Rolling Stones (sing).
4 At present my father (work) in his office.
5 I (do) an exercise about present progressive now.
6 Mother (read) her magazines now.
7 They (try) to play better today.
8 Look out of the window. It (rain).

WAS DU
MORGEN KANNST
BESORGEN,
VERSCHIEBE
NICHT AUF HEUTE!

Wenn du fast alles richtig gemacht hast, dann ist Schluß für heute. Hast du weniger als acht Sätze richtig, solltest du diese Übung morgen wiederholen.

In den folgenden zwei Übungen geht es um beide Formen. Setze das Zeitwort entweder in *present simple* oder in *present progressive*. Achte dabei auf Signalwörter.

1 Peter (collect) minerals and stamps.
2 Look, the boys (run) to the park!
3 Uncle Mark (visit) us every year.
4 He always (bring) a lot of nice things.
5 You can't speak with Rosie now. She (sleep).
6 Listen, the baby (cry).
7 Babies (cry) very often.
8 I often (think) of you.

Und das gleiche noch einmal, mit anderen Sätzen.
Achtung: Hier gibt es auch Fragen und Verneinungen!

example: What Peter (do) here?
                What is Peter doing here?

1 Look, it (start) to rain.
2 We often (look) at the stars at night.
3 Why you (look) at me? – I think I (know) you.
4 Look, the cat (run) after a mouse.
5 Cats usually (eat) mice.
6 I can't come with you. I (play) with my model train.
7 Is Gerry at home? – No, he's at Bill's house. They (watch) TV.
8 Bill (watch) TV very often. He (like) cartoons best.

Nach spätestens 30 bis 45 Minuten Lernen läßt deine Konzentration nach. Lege daher eine etwa **10 Minuten** lange Pause ein. In der Pause mache eine Durchstartübung. Nach der Pause schreibst du eine nicht besonders anstrengende Hausaufgabe. Dann erst lernst du weiter. Auch **dein Gehirn liebt** die **Abwechslung**.

Zur Wiederholung und als Abschluß gibt es ein gemischtes Programm: Setze das Zeitwort in *present simple* oder *present progressive*. Denke auch an die Erklärungen.

✔ richtig

○ Daddy _____ (drive) to work every morning.

○ Mum _____ (wash) her hair now.

○ Look, the dog _____ (play) with the cat.

○ The sun always _____ (shine) in Florida.

○ The moon _____ (shine) at night.

○ Bad pupils never _____ (learn) much.

○ Look, I _____ (do) the exercise without help.

○ Listen, my sister _____ (sing) along with her CDs.

○ I _____ (drink) a glass of Coke now, because I am thirsty.

○ Peter _____ (drink) a glass of Coke every morning.

○ We _____ (go) to the cinema every weekend.

○ My mum _____ (smoke) five cigarettes a day.

○ At present she _____ (cook) in the kitchen.

○ What you _____ (do) now?

○ Can't you see that I _____ (think)?

○ Some teachers never _____ (wear) long hair.

○ Look, our gym-teacher (Turnlehrer) _____ (wear) a new haircut.

○ Look there, they _____ (cross) the street against the red light!

○ I never _____ (cross) the street against the red light.

17 oder mehr Richtige:
YOU ARE THE CHAMP!
Bei weniger als 17 arbeite die Regeln auf den Seiten 38 und 39 noch einmal durch!

GEHIRNKNÖPFE

Schon ein wenig müde vom letzten Kapitel?

Da wollen wir mal deine Gehirntätigkeit wieder auf Vordermann bringen. Man könnte auch aktivieren dazu sagen: Du berührst mit zwei Fingern der linken Hand den Nabel. Den Daumen der anderen Hand legst du in das rechte Grübchen unterhalb deines Schlüsselbeins. Mit Zeige- und Mittelfinger berührst du das linke Grübchen. Nun massierst du mit leichtem Druck alle drei Stellen gleichzeitig. Nach etwa einer Minute wechselst du die Hände. Nun reiben die Finger der rechten Hand den Nabel, die linke Hand befindet sich beim Schlüsselbein.

Dauer der Übung: 2 Minuten

Die Fragebildung *(questions)*

Für dich als Schüler der 1. Klasse
gehört die Bildung der Frage zu den
schwierigeren Aufgaben, denn

NIE SOLLST DU MICH BEFRAGEN...

☆ dein Lehrer stellt dir naturgemäß sehr viele Fragen und du mußt darauf
   antworten;
☆ bei der Frage treten große Unterschiede zwischen dem Deutschen und
   dem Englischen auf.

Das System, das dahintersteckt, ist aber sehr leicht durchschaubar. Du
kannst es locker begreifen. → Gewußt wie – *Know how!*

Zur Einstimmung und als Grundlage wieder ein Überblick über die
Hilfszeitwörter in der Gegenwart:

am is are	can may must shall will	have has

Lies dir auch noch einmal die Seite 33 über Hauptzeitwort und Hilfszeitwort genau durch.

Nun, bist du bereit für eine wichtige Regel?

Kommt in einem Satz **kein Hilfs-zeitwort** vor, dann bildet man die Frage mit **do** oder **does!**	Kommt in einem Satz **ein Hilfs-zeitwort** vor, dann bildet man die Frage **mit diesem Hilfszeitwort!**

Die Entscheidungsfrage mit Hilfszeitwort
(*the simple question*)

Die Entscheidungsfrage heißt so,
weil man bei der Antwort nur die
Entscheidung zwischen
„Ja" und „Nein" treffen muß.

Sie wird wie im Deutschen gebildet:
Das Hilfszeitwort wandert an die Spitze des Satzes:

Lassie	can	run very fast.
	Can	Lassie run very fast?

Michael Jackson	is	a good singer.
	Is	Michael Jackson a good singer?

Your friend	has	got a present.
	Has	your friend got a present?

Bilde Entscheidungsfragen.
Tip: Verwende für Subjekt und Prädikat verschiedene Farbstifte. So kannst
du super sehen, wie die beiden „unterwegs" sind und ihre Plätze tauschen.

example: | Tony | is | my best friend. → | Is | Tony | my best friend?

1 Peter is late.
2 Our teacher can read Chinese.
3 My sister has got a brother.
4 You must do it now.

5 We have time to play.
6 Robin can wait here.
7 I am right.
8 You can see it from here.

Versuche es jetzt einmal umgekehrt.
Die Fragen sind vorgegeben, du mußt die Aussagesätze bilden. Liegen die
Farbstifte noch irgendwo herum?

example: Will you come to my place? → You will come to my place.

1 Can you play the piano?
2 Is your sister thirsty?
3 Have you got a Coke?
4 Is Peter going to do it?
5 Is your teacher friendly?
6 Are the girls here?
7 Has Joe got a CD-player?
8 Am I on your team?

Bilde Fragesätze oder Aussagesätze.

✓ richtig

○ Can you give me 50 pence?
○ Your little brother can read now.
○ Thomas has got a walkman.
○ We must put it on the desk.
○ Have you got a video recorder?
○ Sandra will learn it.
○ I am late.
○ We can go now.
○ Is it 10 o´clock?
○ Harry is going to call her in the evening.
○ Will you come again?
○ I must do it now.
○ Sabine has got a wild dog.
○ Is it enough now?
○ I can have a hamburger tomorrow.

13 oder mehr Richtige: *FANTASTIC! YOU ARE THE GREATEST!*
Bei weniger als 13 arbeite Seite 45 noch einmal durch.

Die Ergänzungsfrage
mit Fragewort und Hilfszeitwort

Im vorigen Kapitel hast du nur
Fragen kennengelernt, die mit
„Ja" oder „Nein" zu beantworten
waren.
Fragt man aber mit Fragewörtern,
dann sind dies „Ergänzungsfragen",
weil man mit der Antwort
die Frage ergänzen muß.

Michael Jackson	is	a good singer.	
Who	is	a good singer?	
What	is	Michael Jackson?	

Your friends	have got	a lot of problems.	
Who	has got	a lot of problems?	
What	have	your friends	got?

Dogs	can run	very fast.	
What	can run	very fast?	
How	can	dogs	run?

Achtung! Die Frage nach dem Subjekt (**who?** bei Personen, **what?** bei
Dingen und Tieren) steht **immer in der 3. Person Einzahl!!!**

who/what ha**s** . . .?   who/what i**s** . . .?

Bilde Ergänzungsfragen mit den angegebenen Fragewörtern.

11

example: Sandra can understand English. (Who, What)
Who can understand English?
What can Sandra understand?

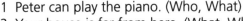

1 Peter can play the piano. (Who, What)
2 Your house is far from here. (What, Where)
3 His sister is thirsty. (Who, What)
4 My teacher is fine. (Who, How)
5 I have got a Coke. (Who, What)
6 Stefanie is going to do it. (Who, What)
7 You can see me tomorrow. (Who, When)
8 Susi is going to play in my room. (Who, Where)

Jetzt lassen wir das Fragewort als Hinweis weg.
Stelle Ergänzungsfragen nach den <u>unterstrichenen</u> Wörtern:

12

TIP: Wenn du diese Übung besonders übersichtlich machen willst, dann schreibe das zu erfragende Satzglied und das dazugehörende Fragewort in derselben Farbe.

example: <u>My friend</u> has got <u>a cool dad</u>.
Who has got a cool dad?
What has my friend got?

1 We can watch <u>videofilms</u> <u>every day</u>.
2 <u>Susi</u> will get <u>a Big Mac</u> <u>in the afternoon</u>.
3 <u>I</u> have got <u>a new bike</u>.
4 <u>I</u> am always tired <u>in the morning</u>.
5 <u>We</u> are going to see <u>"Baywatch"</u> tomorrow.
6 <u>I</u> am often alone <u>in the evening</u>.
7 <u>Nobody</u> can eat <u>ketchup</u> every day.
8 <u>Gabi and Susi</u> have got <u>yellow jeans</u>.

So! Pause! Schluß für heute!
Morgen wird es etwas schwieriger!

Stelle möglichst viele Entscheidungs- und Ergänzungsfragen.
Insgesamt können 20 Fragen gestellt werden. Los geht's!

4

1 Peter must help in the kitchen.
2 Sandy's mother has got a new friend.
3 The boys can come after school.
4 Jackie is in the tennis club.
5 They are playing their Bon Jovi cassettes.
6 Tommy can eat two hotdogs every day.

Du hast zumindest 18 Fragen richtig stellen können? **QUESTION-CHAMP!**
Hast du weniger als 18 richtige Fragen gestellt, arbeite die Seiten 45 und 47 noch einmal
durch!

Trage in einen Kalender alle **Prüfungstermine** ein. Markiere die Tage, die du
zum Lernen vor einer Prüfung brauchst.
Das schafft Überblick.

Die Frage mit *do* oder *does*

Bei dieser Frage unterscheidet sich das Englische sehr vom Deutschen:

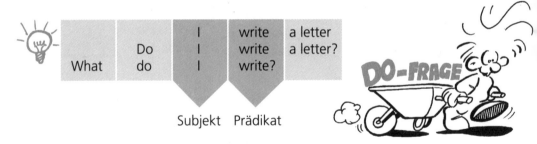

		I	write	a letter
	Do	I	write	a letter?
What	do	I	write?	

Subjekt   Prädikat

		She	writes	a letter
	Does	she	write	a letter?
What	does	she	write?	

Subjekt   Prädikat (= Hauptzeitwort)

Wie du siehst, bleibt der Satzkern, also das Subjekt und das Prädikat, immer an der gleichen Stelle und in der gleichen Reihenfolge.
Das ist wichtig, denn im Deutschen tauschen Subjekt und Prädikat die Plätze:

| Mac | spielt | im Wohnzimmer |
| Spielt | Mac | im Wohnzimmer? |

Wenn du jetzt auch aus deinem Langzeitgedächtnis-Speicher abrufst, was du über die **3. Person Einzahl und das -s** gelernt hast, kapierst du:

DAS GEHEIMNIS DER DO-FRAGE!

HE WRITES — was geschieht hier?

1. "Does" (oder "do") steht vor dem Subjekt.
2. Das Fragewort steht vor do / does.
3. Das "s" wandert vom Vollverb zum "does"

13 Bilde sogenannte allgemeine Fragen (*general questions*). Das heißt, du formst den Aussagesatz in einen Fragesatz um. *Takes*, *costs*, *puts*, *eats* zeigt dir an, daß du *does* verwenden mußt. Alles klar?

example: He walks to work. → Does he walk to work?

1 We like hamburgers.
2 They make good ice cream.
3 We speak too fast.
4 My friend takes tennis lessons. (attention! attention! Achtung!)
5 They often watch video films.
6 A mountain-bike costs a lot of money. (!!!)
7 She puts popcorn in the pan. (Pfanne) (!!)
8 Sandra eats a hot-dog every day. (!)

Achtung! Kein *do/does* bei der Subjektfrage (**Who?** bei Personen, **What?** bei Dingen und Tieren.)
Die Subjektfrage steht immer in der 3. Person Einzahl!

| Who go**es** . . .? | Who liv**es** . . .? | Who watch**es** . . .? |

14 Bilde jetzt Fragen mit Fragewörtern (Ergänzungsfragen).

example: Sandra eats spaghetti. (Who, What)
              Who eats spaghetti?
              What does Sandra eat?

1 Tony plays football. (Who, What)
2 I keep it in my pocket. (Who, What)
3 We go to McDonald's. (Who, Where)
4 They live in a new flat. (Who, Where)
5 She feels well. (Who, How)
6 My friend comes late. (Who, When)
7 I lie on my bed. (Who, Where)
8 We like comics. (Who, What)

Bilde die *general question* und erfrage die <u>unterstrichenen</u> Satzglieder.

example: In the morning <u>my father</u> eats <u>an egg</u>.

Does my father eat an egg in the morning?
Who eats an egg?
When does father eat an egg?
What does father eat in the morning?

1 <u>In the evening</u> my mother parks <u>the car</u>.
2 <u>Water</u> freezes (friert) <u>in the deep freezer</u>. (Tiefkühltruhe)
3 <u>My uncle</u> drinks beer <u>every day</u>.
4 <u>My brother</u> reads <u>the newspaper</u>.

Stelle möglichst viele Fragen. Insgesamt können 15 Fragen gestellt werden.

1 I do my work well (gut).
2 That pudding smells nice.
3 Danny wears black Dr Martens every day.
4 Father puts the money on the table.

Stelle möglichst viele Fragen. Insgesamt können 16 Fragen gestellt werden.

1 She takes a bottle of Coke from the fridge. (Kühlschrank)
2 At the end of the schoolyear we get our reports. (Zeugnisse)
3 Mother always reads her magazines (Illustrierten) in the kitchen.
4 In summer I like to wear white T-shirts.

Du hast zumindest 15 Fragen richtig stellen können?
QUESTION-SUPER(WO)MAN!
Hast du weniger als 15 Fragen richtig gestellt,
arbeite die Seiten 50 und 51 noch einmal durch.

Erfrage alle <u>unterstrichenen Satzglieder</u> und bilde die *general question*.
Aufgepaßt: ein Satz enthält ein Hilfszeitwort! Was bedeutet das noch
schnell? (Keine Verwendung von *do*!)

1 <u>Tomorrow</u> I am going to show her <u>my sticker album</u>.
2 <u>George</u> likes <u>school</u>.
3 Every day <u>they</u> do <u>their homework</u> <u>on the bus</u>.
4 <u>Every evening</u> <u>Frank</u> wants to watch <u>TV</u>.
5 <u>My friends</u> help me with my homework after school.

Stelle möglichst viele Fragen. Insgesamt können 13 Fragen gestellt werden.

1 They like to play in the school yard.
2 She will have a party on Sunday evening.
3 I want to have a new computer game.
4 Kenny likes to sleep in his parents' bed.

Du hast zumindest 12 Fragen richtig stellen können? **GREAT – GREATER – YOU!**
Hast du weniger als 12 Fragen richtig gestellt, arbeite die Seiten 44, 45, 47 und 50
noch einmal durch!

Erstelle eine **Liste der** einzelnen **Prüfungsgebiete,** lasse daneben Platz zum Abhaken.
Das spornt dich an und gibt dir Übersicht.

Am Ende des Kapitels „Fragebildung" noch eine besondere Frage:

Die *Why-Frage*

 Sie fragt nach dem Grund einer Handlung.
Sie wird genauso gebildet, wie alle anderen Fragen, die mit einem
Fragewort eingeleitet werden, aber die Antwort darauf ist ein ganzer Satz:

*This year he likes to go to school **because he is a good pupil**.*

Frage: **Why** does he like to go to school this year?
Antwort: *He likes to go to school this year **because he is a good pupil**.*

 Frage nach dem **fettgedruckten** Begründungssatz mit Hilfe der *Why*-Frage.

1 Every day Frank wants to watch TV **because he does not like to study**.
2 They can play football in the classroom **because the teacher is not there**.
3 Garfield wants to eat lasagne **because he is hungry**.
4 I try to be good at English **because I want to have real holidays**.
5 Father works a lot **because he wants to buy a new car**.

Überprüfe deine Lösungen mit dem Lösungsheft.
Alles richtig? *Cool!*
Die nächsten fünf Sätze harren deiner!

6 Joe is wearing moonboots **because it is winter**.
7 Dogs run after cats **because they don't like them**.
8 I like to sleep in my mother's bed **because it is so warm there**.
9 We sometimes go to a pizzeria **because we love pizza**.
10 I will finish work now **because I am tired**.

Scheue dich nicht, deinen Lehrer oder deine Lehrerin zu fragen, wenn du
dich irgendwo nicht auskennst. Er oder sie erklärt dir alles gerne.

Die Verneinung (negation)

Die Verneinung eines englischen Satzes funktioniert nach den gleichen Grundsätzen wie die Fragebildung. Du mußt wieder aufpassen, ob sich im Satz ein Hilfszeitwort befindet oder nicht.
Zur Einstimmung und als Grundlage wieder ein Überblick über die Hilfszeitwörter in der Gegenwart:

A

am	can	have
is	may	has
are	must	
	shall	
	will	

Die Verneinung mit Hilfszeitwort

B

Sie wird verwendet, wenn im Satz ein Hilfszeitwort steht.
Wir setzen hinter das Hilfszeitwort einfach das Wörtchen **not**:

She	is		a good singer.
She	is	**not**	a good singer.
They	will		go to the movies next week.
They	will	**not**	go to the movies next week.

Hilfszeitwort + **not**

My teacher	can	sing very well.
My teacher	**cannot**	sing very well.

cannot ist das einzige zusammengeschriebene Verneinungswort!

Verneine die folgenden Sätze.

example:　　　They are nice pupils. → They *are not* nice pupils.

1 He is a smoker.
2 She has got a new cassette recorder.
3 You are my only (einziger) friend.
4 We will fly to New York next year.
5 Daddy can play the guitar very well.
6 He can come tomorrow.
7 You are late.
8 They are Americans.

Die Verneinung mit *do* oder *does*

Sie wird verwendet, wenn im Satz
kein Hilfszeitwort steht.
Wir fügen nach dem Subjekt **do not**
oder **does not** ein.

Subjekt		Prädikat = Hauptzeitwort	
I		write	a letter.
I	**do not**	write	a letter.
We		want	a cheeseburger.
We	**do not**	want	a cheeseburger.
She		write**s**	a letter.
She	do **es** not	write	a letter.
He		like**s** to drink	cold Sprite.
He	do **es** not	like to drink	cold Sprite.

Verneine die folgenden Sätze, indem du *do not* oder *does not* verwendest.

20 example: He makes a paper boat in the afternoon.
He does not make a paper boat in the afternoon.

1 I wake up at 7 o'clock every morning.
2 He tries to get an ice-cream whenever he can.
3 They want to see this film again.
4 Father goes out with his friends every Friday.
5 Our cat lies on my bed all day long.

Übe diese Sätze solange, bis du sie fehlerfrei kannst.
Wiederhole morgen die Regeln auf Seite 56.
Sehr gute Tennisspieler wiederholen ihre Aufschläge auch immer wieder!

 Verneine die folgenden Sätze oder forme verneinte Sätze in Aussagesätze um.

21 examples: Maxwell wants to water the garden.
Maxwell does not want to water the garden.
I do not like horror films.
I like horror films.

1 We do not eat fish in the morning.
2 Tony likes to drink warm milk
3 My friends do not like Heavy Metal.
4 My father does not like musicals on TV.
5 I want to smoke.
6 He does not do his work well.
7 Peter does not learn the poem (Gedicht).
8 I like to play streetball.
9 Charlie hates flies in his soup.
10 Johnny does not dance rock 'n' roll.

TiP Nun noch eine Auswahl an Übungssätzen für Frage und Verneinung. Schließlich gibt dein Lehrer dieses Grammatikkapitel gerne zu *tests*. Es reicht, wenn du pro Lerneinheit eine Übung trainierst. Sie sollte allerdings **vollständig** und **fehlerfrei** sein.

Stelle möglichst viele Fragen und bilde eine sinnvolle Verneinung.

example: Mother likes to dance rock 'n' roll in the morning.
Does mother like to dance rock 'n' roll in the morning?
Who likes to dance rock 'n' roll in the morning?
What does mother like to dance in the morning?
When does mother like to dance rock 'n' roll?
Mother does not like to dance rock 'n' roll in the morning.

1 My little brother always wants to play rummy. (ein Kartenspiel)
2 We are going to wake dad up because he is snoring. (schnarchen)
3 Greyhounds (Windhunde) run very fast.

Stelle möglichst viele Fragen und bilde eine sinnvolle Verneinung.

1 My sister wants to come into my room because she is nosey.
2 We can see our friends because they do not hide.
3 Peter always plays well (gut) in his football matches.

Stelle möglichst viele Fragen und bilde eine sinnvolle Verneinung.

1 Today we are going to read our new books in class.
2 Dominique wants to have steak when she comes home.
3 We meet in town in the afternoon.

Stelle möglichst viele Fragen und bilde eine sinnvolle Verneinung.

1 I do not want to do it because I am afraid.
2 A mouse likes to eat a little piece of cheese.
3 This is my last exercise today.

Kurzantworten
(short answers)

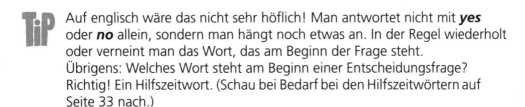

Weißt du noch, was eine
Entscheidungsfrage ist?
Das ist die Frage, auf die man mit
„Ja" oder „Nein" antworten muß. In unserer Sprache geht das so:

| Bist du müde? – Ja. | Hast du Hunger? – Nein. |

Auf englisch wäre das nicht sehr höflich! Man antwortet nicht mit **yes**
oder **no** allein, sondern man hängt noch etwas an. In der Regel wiederholt
oder verneint man das Wort, das am Beginn der Frage steht.
Übrigens: Welches Wort steht am Beginn einer Entscheidungsfrage?
Richtig! Ein Hilfszeitwort. (Schau bei Bedarf bei den Hilfszeitwörtern auf
Seite 33 nach.)

Entscheidungsfrage		Kurzantwort			
Am	I late?	Yes, you	are.	No, you	aren't.
Is	this Lizzy?	Yes, it	is.	No, it	isn't.
Will	it rain?	Yes, it	will.	No, it	won't.
Can	you help me?	Yes, I	can.	No, I	can't.
Do	you like tea?	Yes,	we do.	No, we	don't.

Hilfszeitwort   Wiederholung   Verneinung
des Hilfszeitwortes   des Hilfszeitwortes

Gib Kurzantworten. Bei ☺ antworte mit *Yes*, bei ☹ mit *No*.

example: Is Betty nice? ☺ Yes, she is.   Can Bill swim? ☹ No, he can't.

1 Does Molly live here? ☹
2 Have you got time for me? ☹
3 Can Jill speak German? ☺
4 Do you smoke? ☹
5 Will they come? ☹
6 Has Don got a pet? ☺
7 Am I on the list? ☹
8 Must I write this? ☺
9 Do some fish fly? ☺
10 Are you my friend? ☺

59

Die Befehlsform
(the imperative)

Oft will man sagen, daß jemand etwas tun oder nicht tun soll. Das kann ein strenger Befehl, eine freundliche Aufforderung oder eine gutgemeinte Anleitung sein, aber auch ein Verbot. Für all diese Fälle verwendest du die Befehlsform. Du nimmst dazu einfach die **base form** des Verbs (ohne **to**). Verneint wird mit **don't**.

Befehl	
Go	to the door!
Put	it away!
Wait	for me here!

base form

Verbot		
Don't	go	to the door!
Don't	put	it away!
Don't	wait	for me here!

don't + base form

Drücke Befehle und Verbote mit den folgenden Zeitwörtern aus.

base form	Befehl	Verbot
(to) help	Help your sister!	Don't help the other team!
(to) put	_____	_____
(to) clean	_____	_____
(to) stop	_____	_____
(to) show	_____	_____
(to) eat	_____	_____
(to) ask	_____	_____
(to) play	_____	_____

Die **Aufforderung** ist die freundlichere Form des Befehls. Sie wird mit **Let's . . .** eingeleitet. Die Verneinung heißt einfach **Let's not . . .!**. **Let's** ist die Kurzform von **Let us** und heißt wörtlich „Laß uns" oder „Laßt uns". In Österreich sagt man aber zum Beispiel für **Let's go!** oder **Let's begin!** eher „Gehen wir!" und „Fangen wir an!" (anstatt „Laßt uns gehen!" oder „Laßt uns beginnen!").

 Fordere jemanden auf, mit dir gemeinsam etwas zu tun oder etwas bleiben zu lassen. Verwende dabei die vorgegebenen Zeitwörter.

example: (to) watch – Let's watch "The Big Ten" on TV! Let's not watch TV. Let's play!

(to) drive – (to) buy – (to) write – (to) listen – (to) go – (to) bake – (to) walk – (to) hide – (to) forget – (to) ask

 Maxwell wie er „lernt" und lebt in seinem Zimmer. Sicher fallen dir da einige Dinge auf, die zu erledigen wären. Kombiniere für deine Befehle die vorgegebenen Haupt- und Zeitwörter.

example: radio/turn down – Turn down the radio!

comics – hamster – tennis things – pullover – baseball things – pillow (Polster) – building blocks – socks – jeans – flower pot.

pick up (aufheben) – put – throw (werfen) – fold (falten) – sweep (kehren).

DENKMÜTZE

Hast du Schwierigkeiten, in der Schule gut hinzuhören und alles zu verstehen?

Die Denkmütze ist besonders vor Unterrichtsbeginn nützlich: Entfalte sanft deine Ohren. Beginne oben und massiere am Ohrrand entlang nach unten. Ziehe sanft an den Ohrläppchen. Wiederhole diese Bewegung von oben nach unten 10mal. Wenn du gähnen mußt, öffne dabei bitte den Mund so weit du kannst.

Dauer der Übung: 10mal

DAS ZEITWORT DIE ZUKUNFT

BACK TO THE FUTURE , HEHE

THE FUTURE

Die Zukunft mit *will* (*shall*)

	Bejahung Langform/Kurzform		Verneinung Langform/Kurzform	
I	will/'ll	speak	will not/won't	speak
you	will/'ll	speak	will not/won't	speak
he/she/it	will/'ll	speak	will not/won't	speak
we	will/'ll	speak	will not/won't	speak
you	will/'ll	speak	will not/won't	speak
they	will/'ll	speak	will not/won't	speak

will + base form | will not + base form

In der Alltagssprache verwenden die Briten in allen Personen *will*. In der 1. Person Einzahl und Mehrzahl *(I, we)* hört man gelegentlich noch *shall*, besonders in der gehobenen Sprache.
Die Amerikaner verwenden ausschließlich *will*.

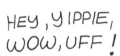

HEY , YIPPIE, WOW, UFF !

HOW PRIMITIVE!

Die Kurzform verwendest du beim Sprechen sowie beim Schreiben von persönlichen Briefen und von Dialogen (denn da schreibst du ja so, wie die Menschen sprechen).

Achtung! Verwechslungsgefahr!

I'll [aɪl]   → heißt *I will* und nicht *ill* [ɪl];
we'll [wɪl]   → heißt *we will* und nicht *well* [wel];
won't [wəʊnt]   → heißt *I will not* und nicht *want* [wɒnt].

63

Setze die angegebenen Verben in die *will-future*. Verwende die Langform.

example: Maxwell (not play) will not play streetball this week.

1 I (do) _____ it.

2 You (hear) _____ from us.

3 He (be) _____ very angry.

4 It (be) _____ a nice day.

5 We (go) _____ home later.

6 They (like) _____ the film.

7 I (not sing) _____ this rock 'n' roll song.

8 It (not snow) _____ today.

 Du verwendest die Zukunft mit *will* besonders dann, wenn du von zukünftigen Ereignissen sprichst, über die du keine Kontrolle hast. Das können zum Beispiel sein:

☆ **Annahmen:** *Tony will come again some time.* (Das ist aber nicht sicher; wir wissen nicht, wann.)

☆ **Erwartungen:** *I think Mrs Jackson will be very happy when she sees us.* (Das kannst du aber nur vermuten.)

☆ **Hoffnungen:** *I hope Jenny will find her key again.* (Ob sie ihren Schlüssel aber auch wirklich finden wird?)

☆ **Vorhersagen:** *It will snow again next winter.* (Das ist eine ziemlich sichere Vorhersage.)

Die Zukunft mit *going to*

I	am	going to	have	breakfast.
You	are	going to	see	a funny film.
He	is	going to	take	his dog for a walk.
She	is	going to	stop	working.
It	is	going to	rain.	
We	are	going to	go	home soon.
You	are	going to	hear	a funny story.
They	are	going to	begin	with the concert.

(to) be + going to + base form

Die Zukunft mit **going to** verwendest du

☆ **bei festen Plänen oder Absichten:**

Bill is going to repair his bike this afternoon.
(Er hat das Werkzeug schon vorbereitet.)

We're going to eat at "Giovanni's" tonight.
(Wir haben schon einen Tisch bestellt.)

Mum is going to sell her car.
(Sie hat schon eine Anzeige in die Zeitung gegeben.)

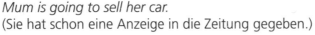

☆ **wenn eine Handlung unmittelbar bevorsteht:**
Deshalb nennt man diese Form auch die **near future** oder **nahe Zukunft**:

Look at Peter! I think he's going to lose the game.
(Er hat bereits Dame und Läufer an seinen Gegner verloren.)

They are going to cut down the old trees.
(Die Feuerwehr hat die Straße bereits abgesperrt).

I am going to help dad wash the car.
(Ich habe mir schon die Gummistiefel angezogen und die Putzmittel hergerichtet.)

What is going to happen? Was wird gleich geschehen?

example: George / run into / Mr Jones
George is going to run into Mr Jones.

1 Sally / clean / the blackboard

2 Dominique and Sandra / find / a Pound-note

3 Albert / fall over / Gary's schoolbag

4 Rita / drop / her lunch

5 Edgar / look for / his glasses

6 Mike and Suzie / compare (vergleichen) / their homework

7 Ralph / draw / a picture of Mandy

8 Dad and I / wash / the car.

Zukunft mit *will* oder mit *going to*?
Manchmal sind auch beide Formen möglich.

✓ richtig

○ Look at this man! I think he (jump) from the roof.

○ Gloria and her sister (go) to Greece later this year.

○ Next year we (have) some new teachers.

○ I (buy) a pair of Dr Martens. I've got all the money I need.

○ I hope Charlie (not forget) to bring his football.

○ Do you think Mrs Masters (be) angry when she sees the broken (zer-brochen) window?

○ The radio says it (snow) this morning.

○ The next plane (take off) in thirty minutes.

○ Uncle Alex (visit) us in September.

○ We (see) a film in our geography class today.

○ Come here! You (see) an interesting picture.

○ Guns n' Roses (give) a concert in London in July.

○ We (go) home now.

○ I think I (get) married when I'm 25.

○ On August 22nd, the President (open) the new hospital.

13 oder mehr Richtige: **SUPERFUTURE(WO)MAN!**
Bei weniger als 13 arbeite die Regeln
Seite 63 und 65 noch einmal durch.

Die Fragebildung und Verneinung in der Zukunft
(question and negation in the future tense)

Auch dazu brauchst du ein Hilfszeitwort. Die Zukunft stellt dir diese Hilfszeitwörter zur Verfügung: **will** und die Formen von **(to) be**.

SAG' SCHON, DU DUMME KUGEL! WILL SAM GET HIS NEW CAR NEXT WEEK?

Frage und Verneinung mit *will*

		Sam	will get	his new car	next week.
	Will	Sam	get	his new car	next week?
What	will	Sam	get		next week?
When	will	Sam	get	his new car?	
Who	will		get	his new car	next week?
		Sam	will not get	his new car	next week.

Frage und Verneinung mit *going to*

		Leo	is going to plant	a tree	in his garden.
	Is	Leo	going to plant	a tree	in his garden?
What	is	Leo	going to plant		in his garden?
Where	is	Leo	going to plant	a tree?	
Who	is		going to plant	a tree	in his garden?
		Leo	is not going to plant	a tree	in his garden.

Frage nach den unterstrichenen Satzteilen und bilde die Verneinung.

example: They will find the books behind the blackboard.
Who will find the books behind the blackboard?
What will they find behind the blackboard?
Where will they find the books?
They will not (won't) find the books behind the blackboard.

1 The Queen will open the new bridge next Saturday.
2 Jack and Henry are going to play a game of chess.
3 In our holiday we will stay in a first class hotel.
4 They are going to show a western tonight.
5 Next summer Ben will attend (besuchen) a German course in Innsbruck.

Stelle möglichst viele Fragen und bilde die Verneinung.
24 Fragen und Verneinungen sind möglich.

1 I am going to buy a watch in Switzerland.
2 Kenny will miss the bus again.
3 Doris will get a little cat on her birthday.
4 Richard and Jim are going to fly their kite today.
5 Uncle Mat is going to park his car in the garage.

Du hast zumindest 21 Fragen/Verneinungen richtig stellen können? **FANTASTIC!**
Hast du weniger als 21 Fragen/Verneinungen richtig gestellt, arbeite die Regeln auf Seite 67 noch einmal durch!

THE PAST SIMPLE

PAST SIMPLE? –
KLINGT WIE
JÄGER-
-LATEIN!

Die Bildung

Zur Bildung der *past simple*
brauchst du die zweite Grundform
des Verbs, die **past form**.
Schau dir dazu einige deutsche Zeitwörter an:

lernen	lernte	gelernt
füllen	füllte	gefüllt
brechen	brach	gebrochen

| 1. Grundform | 2. Grundform | 3. Grundform |
| **base form** | **past form** | |

Alles klar mit der 2. Grundform?
Wie kommst du nun im Englischen zu diesen Formen? Dazu mußt du
die englischen Verben in zwei Gruppen einteilen:

Regular verbs	Irregular verbs
Regelmäßige oder schwache Verben bilden die *past form* immer gleich	Unregelmäßige oder starke Verben bilden die *past form* immer verschieden

FADE TYPEN!   IRRE TYPEN!

Regular verbs

Bilden *past simple*, indem du an die Nennform einfach **-ed** anhängst.
Endet das Zeitwort auf -e, wird nur noch **-d** angehängt.

stay → stay**ed**   walk → walk**ed**   live → live**d**   hope → hope**d**

In zwei Fällen mußt du ganz besonders auf die Rechtschreibung achten:

☆ Bei Zeitwörtern,
  die auf Mitlaut + y enden:

☆ Bei einsilbigen Zeitwörtern,
  die auf einen Mitlaut enden:

| study | → | stud**ied** |
| try | → | tr**ied** |

| hop | → | hop**ped** |
| stop | → | stop**ped** |

69

Die Endung -ed gilt für alle Personen der Ein- und Mehrzahl. Anders als in *present simple* (einfache Gegenwart) gibt es keine „Ausnahmen" für die 3. Person Einzahl!

	present simple	past simple
I	live	liv**ed**
you	live	liv**ed**
he	live**s**	liv**ed**
she	live**s**	liv**ed**
it	live**s**	liv**ed**
we	live	liv**ed**
you	live	liv**ed**
they	live	liv**ed**

Bilde die *past form* (2. Grundform) der folgenden *regular verbs*. Achte auf die Rechtschreibung.

example: love → loved

talk	carry	call	work
paint	open	cry	try
ask	bake	smoke	drop
look	collect	start	want

Setze die folgenden Sätze in *past simple*.

example: I often watch Formula One races on TV. (on Sunday)
             On Sunday I watched a Formula One race on TV.

1 Sandra always waits for me at the bus stop. (yesterday)
2 Mr Smith never walks to work. (last Monday)
3 My parents often listen to classical music. (last night)
4 I invite my friends to my birthday party. (last year)
5 Mum always orders mineral water. (yesterday)
6 The summer holidays usually start in July. (last year)
7 Grandma often bakes cakes. (at the weekend)
8 My sister always stops working at 5:30. (last Friday)

Irregular verbs

Sie folgen – wie ihr Name schon sagt – leider keiner Regel.
Du mußt dir daher ihre Formen (**base form** und **past form**)
einprägen. Lerne sie auswendig und wiederhole sie,
sooft du kannst.

In der 1. Klasse lernst du nur die **past forms** einiger wichtiger Verben kennen. Im Laufe deiner weiteren „Englisch-Karriere" wirst du aber noch die Bekanntschaft vieler *irregular verbs* machen; du findest sie in Form von Listen in deinen Lehrbüchern und in den Wörterbüchern abgedruckt.
Hier bieten wir dir – in alphabetischer Reihenfolge – eine Liste wichtiger **irregular verbs**, die du am Ende deines ersten Lernjahres kennen solltest.

base form	past form	base form	past form
be	was/were	hear	heard [hə:d]
break	broke	hide	hid [hɪd]
bring	brought [brɔ:t]	know	knew [nju:]
buy	bought [bɔ:t]	leave	left
can	could [kʊd]	make	made [meɪd]
catch	caught [kɔ:t]	meet	met [met]
come	came [keɪm]	pay	paid [peɪd]
cut	cut	put	put
do	did	read [ri:d]	read [red]
draw	drew [dru:]	ride	rode [rəʊd]
drink	drank	run	ran [ræn]
drive	drove	say	said [sed]
eat	ate [et, eɪt]	see [si:]	saw [sɔ:]
fall	fell	sell	sold
feel	felt	show	showed
find	found [faʊnd]	sing	sang
fly	flew [flu:]	sit	sat [sæt]
forget	forgot	stand	stood [stʊd]
get	got	swim	swam
give	gave [geɪv]	take	took [tʊk]
go	went	tell	told
grow	grew [gru:]	think	thought [θɔ:t]
have	had	write	wrote [rəʊt]

Für die *irregular verbs* gilt das gleiche wie für die *regular verbs*: Die *past forms* sind für alle Personen der Ein- und Mehrzahl gleich. Ein Wort hält sich leider nicht an diese Abmachung: Der Verräter gibt sich auf der nächsten Seite zu erkennen!

A

Der Schurke heißt **be**.
Es hat zwei mögliche *past forms*,
was und **were**.
Und weil es in der Gegenwart
auch mit drei möglichen Formen
protzt, wollen wir alles
miteinander vergleichen:

	present	past
I	am	**was**
you	are	were
he	is	**was**
she	is	**was**
it	is	**was**
we	are	were
you	are	were
they	are	were

Setze die richtige Form der *past tense* von *be* ein.

1 We ... at the fair (Kirtag) yesterday.
2 Susi ... very nice to me.
3 Charlie and Mac ... not happy about this.
4 Bill, ... you in the cinema last night?
5 I ... very angry about you.
6 Where ... you this morning?
7 This ... not a good idea.
8 Joe's party ... great!

Setze die folgenden Sätze wieder in *past simple*.
Vorsicht: Du hast es nur mit *irregular verbs* zu tun.

example: Sally sometimes tells funny stories. (yesterday)
             Sally told me a funny story yesterday.

1 Caroline sometimes has coffee for breakfast. (this morning)
2 Mum usually finds my clothes on the floor. (yesterday)
3 Father usually reads the Sunday paper. (last Sunday)
4 We often meet interesting people in our holidays. (in 1990)
5 Lucy always gets up at 7 o'clock. (yesterday, at 9)
6 Aunt Margaret writes us a postcard at Easter. (last Easter)
7 I often think of you. (last night)
8 Patrick sometimes rides his bike after school.
   (yesterday afternoon)

Die Verwendung von *past simple*

Past simple beschreibt **abgeschlossene Handlungen** bzw. Vorgänge in der Vergangenheit.
Zeitangaben drücken aus, daß alles schon passiert ist.
Solche Signalwörter sind:

A

yesterday,
the day before yesterday,
last *(Sunday / week / month / year),*
(five years) **ago** oder
in (1985).

TEN YEARS AGO!

Versuche dich jetzt einmal selbst als Erzähler. Schreibe zehn Sätze darüber, was du während der letzten Woche gemacht hast. Jeder Satz sollte ein <u>Signalwort</u> für das *past simple* enthalten.

example: <u>Last</u> Monday morning I fell down and broke my finger.

Setze die folgenden Sätze in *past simple*.
Achtung! Du hast es mit *regular* und *irregular verbs* zu tun!

1

✓ richtig

- ○ I want to go to the cinema on Saturday. (last Saturday)
- ○ We sometimes help dad in the garden. (two days ago/vor zwei Tagen)
- ○ My brother always cleans his bike in the evening. (last night)
- ○ Uncle Simon usually visits us at Christmas. (last year)
- ○ The Johnsons often talk about their holiday in the USA. (yesterday)
- ○ In my holidays I always collect nice-looking stones. (last summer)
- ○ The old lady sometimes carries a heavy shopping-bag. (yesterday)
- ○ Tom usually washes his car on Saturday. (last Thursday)
- ○ We are often in town with Daniel. (the day before yesterday)
- ○ Tourists usually ask me a lot of questions. (yesterday)
- ○ Dad buys a new car every two years. (last month)
- ○ I sometimes take the bus to school. (yesterday morning)
- ○ Santa Claus usually hides his presents. (last Christmas)
- ○ I often eat sandwiches. (an hour ago, five)
- ○ Dad leaves the house at 6:30. (yesterday morning, at 6:00)
- ○ Charlie always drinks Coke. (last Sunday, Almdudler)

15 oder mehr Richtige: *YOU ARE A CHAMP!*
Bei weniger als 15 wiederhole noch einmal die Seiten 69 bis 71!

Was haben die Kinder in den Sommerferien gemacht? Schau dir die Zeichnung an und schreibe acht Sätze im *past simple*. Verwende dabei die folgenden Verben: *play – wait – work – fish – repair – listen to – help – read – ride*.

example: Billy Joe rode her pony.

Beginne nicht sofort nach der Schule mit den Aufgaben. Eine einstündige **Entspannungspause** fördert deine Konzentration.

Die Fragebildung und Verneinung
(question and negation in past simple)

Frage und Verneinung mit Hilfszeitwort

Wenn der Aussagesatz ein Hilfszeitwort enthält, wird es für die Bildung von Frage und Verneinung verwendet. Die Subjektfrage steht wieder in der 3. Person Einzahl. *(Who **was** . . .?)*

	Marilyn	was	in Hollywood	last summer.
Who	Was	Marilyn	in Hollywood	last summer?
Where	was		in Hollywood	last summer?
When	was	Marilyn		last summer?
	was	Marilyn	in Hollywood?	
	Marilyn	wasn't	in Hollywood	last summer.

Bilde die Entscheidungsfrage, die Ergänzungsfragen und die Verneinung.

example: My parents were in Paris last month.
Were my parents in Paris last month?
Where were my parents last month?
When were my parents in Paris?
Who was in Paris last month?
My parents were not in Paris last month.

1 Neil Armstrong was the first person on the moon.
2 Mr and Mrs Jameson were in Hamburg over the weekend.
3 We could see the match on TV.

Frage und Verneinung mit *did*

Wenn der Aussagesatz **kein Hilfszeitwort** enthält, müssen wir für die Bildung von Frage und Verneinung *did* verwenden (mit Ausnahme der Subjektfrage)! Weil aber *past simple* schon in *did* steckt, steht das Hauptzeitwort in der *base form* (Nennform).

		Joe	found	some keys	in the street.
	Did	Joe	find	some keys	in the street?
What	did	Joe	find		in the street?
Where	did	Joe	find	some keys?	
Who			found	some keys	in the street?
		Joe	didn't find	some keys	in the street.

Besonderheiten bei der Subjektfrage

☆ Die Qual der Wahl beim Fragewort:
Fragewort **who** bei Personen: *Paul was here.* → **Who** *was here?*
Fragewort **what** bei Dingen: *The car was okay.* → **What** *was okay?*

☆ Keine Wahl bei **was** und **were**:
Du mußt immer **was** verwenden: *They* **were** *tired.* → *Who* **was** *tired?*

Bilde die Entscheidungsfrage, die Ergänzungsfragen und verneine den Satz.

example: Last week James and I went to the cinema.
            Did James and I go to the cinema last week?
            Where did James and I go last week?
            When did James and I go to the cinema?
            Who <u>went</u> to the cinema last week? (Subjektfrage!)
            James and I didn't go to the cinema last week.

1   Christopher borrowed my favourite computer game.
2   The policeman stopped a blue Chevrolet
    in the High Street.
3   Muriel felt good after the tennis match.

„*Die spinnen, die Römer!*" sagte schon Obelix. Und du wirst sicher zustimmen, wenn du dir das Bild ansiehst. Da stimmt so manches nicht! Bilde Fragen und Antworten nach dem folgenden Muster:

Did the Romans really go windsurfing? – No, they didn't go windsurfing. They went to the Circus.

Verwende die folgenden Verben: *listen to – ride* (2×) *– drive – waterski.*

PUZZLE I How many *past forms* can you find?
Außer *wrote* sind weitere 18 *past forms* versteckt. Kannst du alle finden?

```
A W S A T F E L T A
T O O K S O L C U T
O W L N W R G A V E
L A D E E G O M E T
D S A W R O T E S A
C R O D E T M H A D
```

Wie ist es dir ergangen?

Alle 18 *past forms* gefunden:
   GREAT! YOU'RE THE CHAMP!
16 oder 17 gefunden:
   GOOD! YOU'RE GREAT, TOO!
13 bis 15 gefunden: ***NOT BAD!***
10 bis 12 gefunden: ***OKAY, BUT ...!***
9 oder weniger gefunden: ***WELL, WELL!***
(Aber aller Anfang ist schwer!)

PUZZLE 2 *Base forms* and *past forms*

Einige englische Verben bilden die *past forms*, indem sie nur einen
Buchstaben der *base form* verändern. Kannst du die fehlenden Formen
finden?

Du wirst diese Buchstaben dazu brauchen: A A D E E Ø O O U

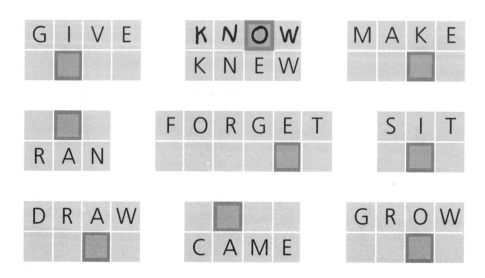

78

ZAUBERPUNKT

Du fühlst dich nicht wohl?
Es streßt dich, lernen zu müssen?
Du hast Heißhunger auf Süßes?

Die Energie deines Körpers ist zu niedrig. Da hilft dir der Zauberpunkt:
Du legst zwei Finger der linken Hand auf die Innenseite des rechten Handgelenks. Diesen Punkt massierst du 2mal täglich 4 bis 12 Minuten und immer dann, wenn es dir nicht gut geht. Du wirst merken, wie das funktioniert. Wenn du an dieser Stelle die Energie aktivierst, verzichtet dein Körper auch freiwillig auf Süßigkeiten. Süßigkeiten sind Energiefresser!

Dauer der Übung: 4 bis 12 Minuten

PREPOSITIONS

Kleine Wörter, große Wirkung. So könnte man die Vorwörter beschreiben. Oft sind sie den deutschen Wörtern sehr ähnlich – dann kannst du sie dir auch leicht merken. Oft unterscheiden sie sich aber deutlich – dann wird die Sache ein bißchen schwieriger.

Vorwörter des Ortes *(prepositions of place)*

Sie sagen uns, wo sich Personen und Dinge befinden. Die wichtigsten sind:

A

> *above* (über) – *behind* (hinter) – *beside* (*next to*) (neben) – *between* (zwischen) – *in* (in) – *in front of* (vor) – *on* (an, auf) – *under* (unter)

 Schau dir das Bild des amerikanischen Klassenzimmers gut an und beantworte nun die Fragen. Du wirst alle Vorwörter verwenden können.

example: Where is the map of the USA? (wall) → It is on the wall.

1 Where is the picture of the President? (map)
2 Where is the flag? (window, blackboard)
3 Where is the teacher's desk? (blackboard)
4 Where is the wastepaper basket? (corner)
5 Where is Mr Lamb's briefcase (Koffer)? (teacher's desk)
6 Where is the washbasin? (door)
7 Where is Joe's desk? (Marilou's desk)
8 Where is the bell? (wall)
9 Where is Mac? (curtain)

Setze die richtigen *prepositions of place* ein. Die Szene *At the pond* (Teich) wird dir dabei helfen.

example: Alfred is sitting *in* the grass playing with his train.

1 Billy Joe is sitting ... her pony.
2 Two sharks (Haie) are swimming ... the pond.
3 Donald's limo-stand is ... the bush.
4 Charlie is reading a book ... the grass ... the tree and the pond.
5 Mac is sleeping ... a sunshade (Sonnenschirm).
6 Maxwell is sitting ... the roof (Dach) of the tree house.
7 Donald is standing ... the counter (Ladentisch) of his limo-stand.
8 Mac's deckchair stands ... the pond.
9 Father is digging a hole ... the ground.
10 "Fido" is chasing (jagen) a butterfly ... the pond.

Vorwörter der Bewegung
(*prepositions of movement* [mu:vment])

Sie sagen uns, in welche Richtung sich Menschen oder Dinge bewegen. Die wichtigsten Vorwörter der Bewegung sind:

A

across (quer über) – *after* (hinterher) – *along* (entlang) – *down* (hinunter, herunter) – *from* (von ... her) – *into* (in ... hinein) – *out of* (aus ... heraus) – *through* (durch) – *to* (auf ... zu) – *up* (hinauf, herauf)

 Schau auf die Szene *In the garden* und setze die richtigen Vorwörter ein.

example: Kevin is running into the garage.

1 Sue is running ... the garage.
2 "Bonzo" is running ... the neighbour's cat.
3 Peggy is jumping ... the pool.
4 Tom is running ... the ice-cream vendor (Verkäufer).
5 A squirrel is climbing ... the tree.
6 Sammy is driving his Formula One car ... the garden fence.
7 The rat is running ... the street.
8 The ice-cream cart (Wagen) is coming ... the street.
9 The apple is falling ... the tree.
10 "Bonzo" and the cat are racing ... the lawn (Rasen).

Vorwörter der Zeit
(prepositions of time)

Sie sagen uns, wann etwas passiert.
Die wichtigsten für den Anfang sind:

at – on – in – after – before – past – to

Dazu einige „Regeln":

☆ **at** verwendest du vor allem für die **Uhrzeit**:
    at *6 o'clock*
    at *9:30*
    at *midnight*

☆ **on** verwendest du vor allem für die **Tage**:
    on *Monday*
    on *Christmas Day*
    on *March 21*

☆ **in** verwendest du für **Monate**, **Jahre** und **Jahreszeiten**:
    in *December*
    in *1994*
    in *winter*

☆ **before** und **after** sagen aus, daß etwas vor oder nach einem bestimmten Zeitpunkt passiert:
    *Let's shut the windows **before** we go to bed.*
    *Dad comes home from work **before** 7 o'clock.*
    ***After** a match I'm usually tired.*
    *Don't go out **after** 9 o'clock!*

☆ **past** und **to** verwendest du für die genaue Uhrzeit (siehe dazu Seite 119, *What's the time?*)

*It's twelve minutes **past** eight.*

*It's twenty (minutes) **to** four.*

Setze passende *prepositions of time* ein.
Bei einigen Sätzen gibt es mehr als eine richtige Antwort!

1

☑ richtig

○ Mum always has dinner ready _____ 6:30.

○ Run, Alec! Mum says we must be back _____ 6 o'clock.

○○ _____ Sunday I never get up _____ 8 o'clock.

○ We always go on holiday _____ August.

○ I usually go to bed _____ 9 o'clock.

○ Dad sometimes goes to a café _____ work.

○ My mum was born (geboren) _____ 1960.

○ _____ I go to school, I always have breakfast with my family.

○ We always go skiing to St. Anton _____ winter.

○○ This year we have football practice (Training) _____ Tuesday

and _____ Friday.

○○ The school year always starts _____ the first Monday

_____ September.

Alle 14 richtig?
NOBODY IS PERFECT.
YOUR NAME IS NOBODY!
Bei weniger als 13 Richtigen arbeite die Seite 83
noch einmal durch!

DIE WORTSTELLUNG

THE ENGLISH WORD ORDER

Aussagesätze

Schau dir einmal die zwei Sätze an und überlege: Was wird hier beschrieben? Ist es beide Male der gleiche Vorgang oder sind es zwei verschiedene Vorgänge?

Der Vogel frißt **den** Wurm.
Den Wurm frißt **der** Vogel.

HOW AWFUL !!

Na klar, wirst du sagen, der gleiche Vorgang. Und du hast recht.
Wie verhält es sich aber mit den folgenden zwei englischen Sätzen?
Denke gut nach, bevor du dich entscheidest!

The bird eats **the** worm.
The worm eats **the** bird.

Auch klar! Hier werden zwei vollkommen verschiedene Vorgänge beschrieben.
Der zweite Satz ist eigentlich das Gegenteil des ersten.

Warum ist das so? Wieso kann man im Deutschen die Satzteile vertauschen, ohne daß sich dabei der Sinn des Satzes ändert, aber im Englischen nicht?

Die Antwort ist einfach: **der** Vogel (als **Subjekt**) bedeutet eben etwas anderes als **den** Vogel (als **Objekt**); der Unterschied ist leicht erkennbar.
Auf englisch heißt beides *the bird*; Subjekt und Objekt sehen gleich aus, Unterschiede sind nicht erkennbar.

Die Wortstellung (*word order*) ist im Englischen wichtiger als im Deutschen, weil im Englischen die verschiedenen Fälle (Subjektfall und Objektfall) keine verschiedenen Formen oder Endungen mehr haben.
Eine Ausnahme bildet nur der 2. Fall: *my friend's PC, Tom's cowboy hat, ...*
Nur die *word order* sagt uns daher, wie ein Satz zu verstehen ist.
Dem Vogel ist es schließlich nicht egal, ob er den Wurm verspeist oder ob der Wurm ihn verspeist!

1. Regel der *word order*:

> Das **Subjekt** steht immer **vor** dem **Prädikat**.
> Das **Objekt** steht immer sofort **nach** dem **Prädikat**.
> **Niemals** steht ein Wort **zwischen Prädikat und Objekt**!

Du kannst dir das auch als Formel merken: **S – P – O**

S subject	P predicate	O object
Andy	likes	hot dogs.
He	collects	postcards.
We	are watching	a western.
His friends	are playing	computer games.

Bilde mit den durcheinandergeratenen Satzteilen sinnvolle Sätze.

example: the / postman / dog / bites / the
             The dog bites the postman.

 1 likes / fruitsalad / Danny
 2 cartoons / is / Marion / watching
 3 love films / don't / many children / like
 4 are / their / girls / bikes / riding / the
 5 a / father / new / drives / "Ford" / my
 6 ice cream / love / my / friends
 7 skateboard / Donald / got / a / new / has
 8 play / can / piano / I / the
 9 must / we / do / one / to / ten / exercises
10 Cora / animals / of / posters / collects

Orts- und Zeitangaben

Nicht alle Sätze haben ein Objekt.
Aber in vielen Sätzen finden wir
**Angaben über Ort (*place*) und Zeit
(*time*)**. Du fragst danach mit **where?**
und **when?**. Wohin nun mit diesen
„neuen" Satzteilen?

2. Regel der *word order*:

> **Orts- und Zeitangaben** stehen gewöhnlich am **Satzende**, und zwar
> in der Reihenfolge **Ort vor Zeit.**
> Manchmal setzt man sie auch **an den Satzanfang**, vor allem dann,
> wenn man Ort oder Zeit des Geschehens besonders hervorheben will.

Du kannst dir auch das wieder als Formel merken:

(pl/t) place/time	S subject	P predicate	O object	pl place	t time
	We	play	football		every day.
In summer	we	play	football	outdoors.	
After school	I	help	Mum	in the house.	
	I	help	Mum	in the house	after school.

Bei zwei Zeitangaben am Satzende steht die genauere vor der allgemeineren:
All my troubles seemed so far away ***at six o'clock*** ***yesterday***.

Bilde sinnvolle Sätze mit den vorhandenen Satzteilen. Überlege dabei, ob
du irgend etwas besonders hervorheben willst.

example: I / get / every Friday / my pocket money
I get my pocket money every Friday.
Every Friday I get my pocket money.

1 every morning / drinks / Mum / coffee / in the kitchen
2 the books / can / you / on the table / put
3 to the cinema / go / Jane and I / every Saturday
4 in my garden / plant / I / in spring / lots of flowers
5 Jeff / three TVs / has got / in his room

Bilde sinnvolle Sätze mit den durcheinandergeratenen Satzteilen.

⊘ richtig

○ on December 24th / find / we / presents / under the Christmas tree

_____

○ must / the book / read / you / this week

_____

○ is doing / his homework / in his room / Leo / now

_____

○ "Batman" / watches / Gary / every Monday / at 6 o'clock

_____

○ not / is / Mr Cooper / here / today

_____

○ her brother / "Monopoly" / is / Wendy / with / playing

_____

○ we / have / on Friday / English / lesson / no

_____

○ Easter nest / under / the / is / the / bush

_____

○ now / can / you / football / play / park / in / the

_____

○ Milton / in / Manchester / lives / Uncle

_____

○ my / room / stands / in / my / PC

_____

○ skiing / go / we / often / to / St. Anton / in / winter

_____

○ my / collection (Sammlung) / got / ten / "Queen" / in / her / sister Susi / has / records

_____

12 oder mehr Richtige: **_CONGRATULATIONS!_**
Bei weniger als 12 arbeite die Regeln auf den Seiten 86 und 87 noch einmal durch.

Häufigkeitswörter *(frequency words)*

A

Es gibt eine Gruppe von Wörtern – sie heißen Häufigkeitswörter *(frequency words)* –, die eine besondere Stellung im Satz einnehmen. Die wichtigsten sind: **often**, **always**, **sometimes**, **usually** und **never**.

3. Regel der *word order*:

B

Das **Häufigkeitswort** steht **zwischen Subjekt und Prädikat**, wenn das Prädikat nur aus einem Wort besteht.

S	frequency word	P	O
Michael	often	writes	letters.

4. Regel der *word order*:

B

Wenn sich das Prädikat aus zwei oder mehr Teilen zusammensetzt oder aus einer Form von *(to) be* besteht (am, is, are, was, were), steht das **Häufigkeitswort nach dem ersten Prädikatsteil** *(predicate 1)* bzw. **nach der Form von** *(to) be*.

S	predicate 1	frequency word	predicate 2	O
Michael	can	usually	answer	my questions.
The Millers	are	always	late.	

Setze die Häufigkeitswörter an die richtige Stelle.

example: The girls often play volleyball on Sundays. (often)

1 I get tired when I play tennis. (never)
2 Dad drives to work in the morning. (usually)
3 On Sunday we have a barbecue in our garden. (often)
4 You can ask us for help. (always)
5 The boys are here when I need them. (never)
6 You can see the mountains (Berge) from here. (usually)
7 You will see cowboys in Texas. (often)
8 Dad and I go fishing on Sunday morning. (sometimes)

 Hey, ein Word-order-Puzzle! Nicht ganz so einfach!
Versuche, die Teile zu Sätzen zusammenzusetzen. Es sind 5 Sätze.

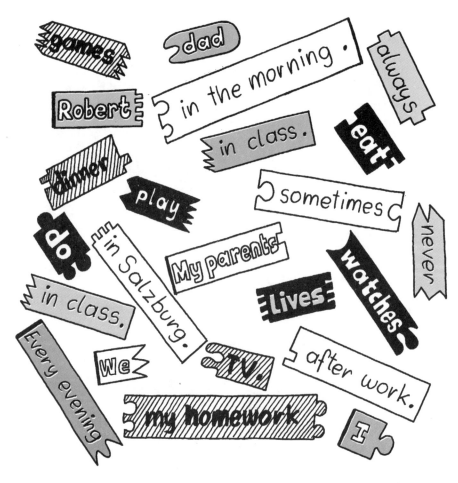

5 Bilde sinnvolle Sätze mit den durcheinandergeratenen Satzteilen.

1 in the morning / gets / my dog / of / bread / a piece
2 make / Dad / in / I / and / winter / snowman / a / sometimes
3 Mum / comes / always / from / work / home / at 6:30
4 Marian / writing / her / room / is / in / letters
5 my / often / go / family / and / I / Saturdays / to / on / the / zoo
6 Oxford / now / live / Mary / Bob / Uncle / in / Aunt / and
7 Mr Connors / every / flat / leaves / his / morning / o'clock / at seven
8 we / play / the / basketball / cannot / in / house

Bilde sinnvolle Sätze mit den durcheinandergeratenen Satzteilen.

☑ richtig

○ sometimes / go / Nancy / to / Bill / and / autumn / in / Switzerland
○ two / sister / pieces / my / Sarah / always / breakfast / of / toast / for / has
○ are / living room / the / in / news / the / and / Dad / watching / Mum
○ his / lunch / buys / Martin / never / at / school
○ are / you / with / my / pen / writing
○ play / sometimes / we / volleyball / lunch / in / gym / after / the
○ drawer / the / in / puts / Frank / never / his / socks
○ Jenny / in / sea (Meer) / swimming / likes / the
○ bike tour / a / today / are / we / making
○ sing / in / my / friends / often / songs / lessons / their / music
○ usually / gets / Percy / on / Tuesday / his / "Mickey Mouse"
○ in front of / Maria / waits / the station / sometimes / me / for
○ stands / our / always / in / the / tree / living room / Christmas
○ year / hides / my / every / eggs / dad / the / Easter
○ two / books / reads / my / dad / usually / every / week

13 oder mehr Richtige: **CONGRATULATIONS!**
Bei weniger als 13 arbeite die Regeln
auf den Seiten 86, 87 und 89 noch einmal durch!

MUDRA FÜR DEN GESUNDEN WILLEN

Du hast keine Lust zu lernen?

Diese Lernunwilligkeit kannst du folgendermaßen abbauen:

Du legst den Zeigefinger in die Daumengrube und bringst Daumen und Mittelfingerkuppe zusammen.

Das Mudra kannst du mit beiden Händen gleichzeitig oder jeweils mit einer Hand halten. Immer dann, wenn du eine Hand gerade nicht brauchst, hältst du die Finger in der beschriebenen Stellung.

Hervorragend geeignet zum Hinhören im Unterricht, beim Schreiben und Nachdenken. Sogar während des Lesens kannst du es halten.

Dauer der Übung: mindestens 7 Minuten

ZAHLWÖRTER
NUMBERS

Grundzahlwörter
(cardinal numbers)

Grundzahlwörter werden für das Zählen verwendet.

1 one	4 four	7 seven	10 ten
2 two	5 five	8 eight	11 eleven
3 three	6 six	9 nine	12 twelve

-teen-Zahlen	-ty-Zahlen
	20 twenty
13 thirteen	30 thirty
14 fourteen	40 forty
15 fifteen	50 fifty
16 sixteen	60 sixty
17 seventeen	70 seventy
18 eighteen	80 eighty
19 nineteen	90 ninety

100 a/one hundred	1000 a/one thousand

Achte auf einige **Besonderheiten**:

☆ **Die Ziffern werden von links nach rechts gelesen:**

Wir sagen: zwei-und-dreißig
Auf englisch sagt man: *thirty-two*

☆ **Zahlen über hundert:** vor die letzte Zahl der Reihe füge immer **and**:

132   *one hundred* (oder *a hundred*) **and** *thirty-two*
4758   *four thousand seven hundred* **and** *fifty-eight*
3602   *three thousand six hundred* **and** *two*

☆ **Jahreszahlen werden getrennt:**

1994 *nineteen ninety-**four***
      (*four* mit **ou**)
1945 *nineteen **forty**-five*
      (*forty* nur mit **o**)

☆ **Die Zahl „Null" wird unterschiedlich ausgesprochen:**

Telefonnummer: → Null = wie der Buchstabe o
Naturwissenschaft: → Null = *zero*
zero kennst du sicher vom *Countdown* bei Raketenstarts:
. . . *four – three – two – one – zero! We have lift off!* („Sie hat abgehoben!")

☆ **Telefonnummern sprechen wir als einzelne Ziffern:**

phone number 9364007 → nine-three-six-four-o-o-seven

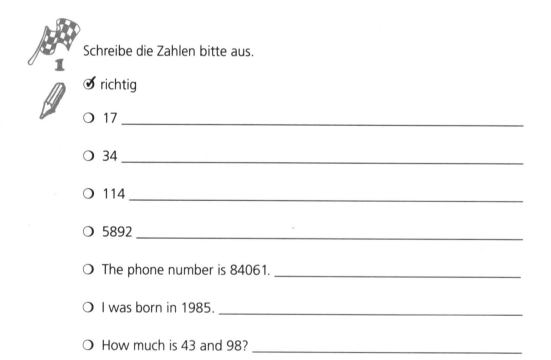

Schreibe die Zahlen bitte aus.

☑ richtig

○ 17 _____

○ 34 _____

○ 114 _____

○ 5892 _____

○ The phone number is 84061. _____

○ I was born in 1985. _____

○ How much is 43 and 98? _____

Alle 7 richtig: ***SUPER!***
Bei weniger als 6 arbeite die Seiten93 und 94 noch einmal durch!

Ordnungszahlwörter *(ordinal numbers)*

Ordnungszahlwörter werden für das
Festlegen einer Reihenfolge verwendet.
Du siehst sie sehr oft in der Englischstunde:
beim Datum.

1st the first	11th the eleventh	21st the twenty-first
2nd the second	12th the twelfth	22nd the twenty-second
3rd the third	13th the thirteenth	30th the thirtieth
4th the fourth	14th the fourteenth	40th the fortieth
5th the fifth	15th the fifteenth	50th the fiftieth
6th the sixth	16th the sixteenth	60th the sixtieth
7th the seventh	17th the seventeenth	70th the seventieth
8th the eighth	18th the eighteenth	80th the eightieth
9th the ninth	19th the nineteenth	90th the ninetieth
10th the tenth	20th the twentieth	100th the hundredth

Mit Ausnahme der Zahlen eins, zwei und drei wird ***th*** an die Grundzahl
angehängt. Es entspricht der deutschen Nachsilbe **-te** (der Neunte: *the
nin**th***).

Schreibe die Ordnungszahlen auf.

❍ richtig

❍ 93. _____

❍ 26. _____

❍ 17. April _____

❍ 1. Juli _____

❍ My birthday is on _____

❍ Today is the _____

❍ Christmas is on _____

Alle 7 richtig: ***FANTASTIC!***
Bei weniger als 6 arbeite diese Seite noch einmal durch!

NUMBERS

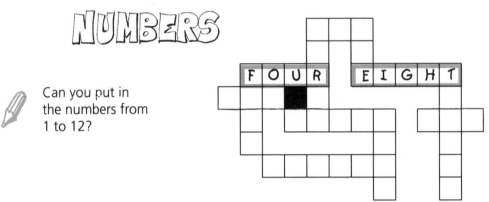

Can you put in the numbers from 1 to 12?

F O U R   E I G H T

ORDNUNGSZAHLEN

Wenn du weißt, der wievielte Monat der angegebene Monat ist, trage die Ordnungszahl (*FIRST, SECOND, . . .*) ein.
Wenn du es richtig machst, erhältst du ein Lösungswort.

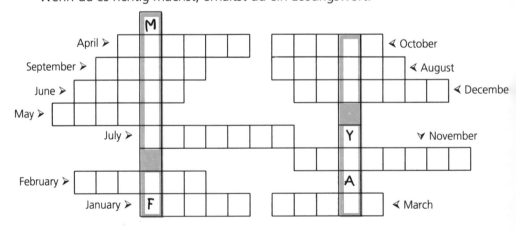

April ➤   September ➤   June ➤   May ➤   July ➤   February ➤   January ➤

October ➤   August ➤   December ➤   November ➤   March ➤

Lösungswort: . . . .

APOSTROPH

APOSTROPHE

Im Englischen hat der Apostroph wichtige Aufgaben.

Bezeichnung des 2. Falles *(possessive-case-s)*

☆
| my father**'s** car |
| the children**'s** toys |

Steht das Hauptwort in der Einzahl oder endet es in der Mehrzahl nicht auf -s, hängst du **'s** an.

☆
| the girls**'** room |

Steht das Hauptwort in der Mehrzahl, hängst du nur **'** an.

☆
| the colour **of** the car |

Bei Dingen wird der 2. Fall mit **of** gebildet.

Übersetze ins Englische.

example: Toms Fußball → *Tom's football*

1 Freddys Hamster
2 Vaters Auto
3 die Tür des Busses
4 Maxwells Freunde
5 Bobs Skateboard
6 die Nummer des Hauses
7 Mutters Zeitungen
8 die Schuhe der Kinder
9 Johns Ball
10 der Hut des Mannes
11 Johnnys Tasche
12 die Seiten des Englischbuches

Das Auslassungszeichen

Sehr oft steht der Apostroph als Auslassungszeichen.
Das heißt, er steht anstelle eines fehlenden Buchstabens.

Die Kurzformen von *to be* und *to have*

to be		to have	
I'm	= I am	I've	= I have
you're	= you are	you've	= you have
he's	= he is	he's	= he has
she's	= she is	she's	= she has
it's	= it is	it's	= it has
we're	= we are	we've	= we have
you're	= you are	you've	= you have
they're	= they are	they've	= they have

 Die **Kurzformen** werden **beim Sprechen** verwendet, ebenso **in Dialogen und persönlichen Briefen**, denn da sollst du ja so schreiben, wie man spricht.
In Erzählungen solltest du die Kurzformen aber vermeiden.

 Was steckt hinter der Kurzform? *Is* oder *has*?

example: She's not my best friend. = She is not my best friend.
She's got a new bike. = She has got a new bike.

1 He's not here today.
2 She's got long blond hair.
3 It's cold outside.
4 It's got eight legs.
5 She's my sister.
6 He's a good singer.
7 It's very interesting.
8 He's got two brothers.
9 She's in her room.
10 She's got a sweet voice.

WEG MIT DEN ÜBERFLÜSSIGEN BUCHSTABEN!

Schreibe die Sätze in der Kurzform.

example: He is stupid. → **He's** stupid.

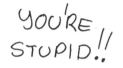

1 We are tired after the walk.
2 I have got a new mountain bike.
3 They are in the computer room.
4 He is in the park with his dog.
5 They are wet (naß) because it is raining.
6 I am in bed with the cat.
7 It is a windy day today.
8 You are the "Sony" of my life.

Die Kurzformen bei der Verneinung

Das Wörtchen **not** verliert den Buchstaben **o**, und der Rest **(n't)** wächst mit dem vorhergehenden Wort zusammen.

isn't	= is not		don't	= do not
aren't	= are not		doesn't	= does not
haven't	= have not		can't	= cannot
hasn't	= has not		mustn't	= must not

Zwei Wörter halten sich nicht an diese Regel:

won't	= will not	**shan't**	= shall not

Schreibe die Sätze in der Kurzform.

example: I cannot drive a car. → I **can't** drive a car.

1 I will not do that again.
2 We cannot start the show.
3 Bettina is not very happy today.
4 You must not cross the street here.
5 I do not want to eat the soup.
6 Willy does not play the saxophone.
7 We have not got a microwave. (Mikrowellenherd)
8 My parents are not at home today.

JUKE BOX

A₁ W.Nelson : She's not for you	B₁ Wings : Junior's Farm	C₁ F.Sinatra : That's Life
A₂ T.Chapman : She's got her ticket	B₂ Working Week : Who's fooling who?	C₂ T.Paxton : Jennifer's rabbit
A₃ A.Guthrie : Alice's Restaurant	B₃ B.Dylan : Heaven's Doors	C₃ Ry Cooder : She's leaving the bank
A₄ B.Dylan : It's all over now	B₄ Little Richard : She's got it	C₄ Bruce Springsteen : Candy's room
A₅ Beatles : She's a woman	B₅ Beatles : There's a place	C₅ Billy Joel : She's always a woman to me
A₆ Beatles : It's only love	B₆ L.Cohen : Last year's man	C₆ E.Moricone : Here's to you

is	has	possessive case	
	B 5		
			C 2
A 6		Wofür steht der Apostroph? Schreibe die Nummer der Lieder in die richtigen Spalten.	

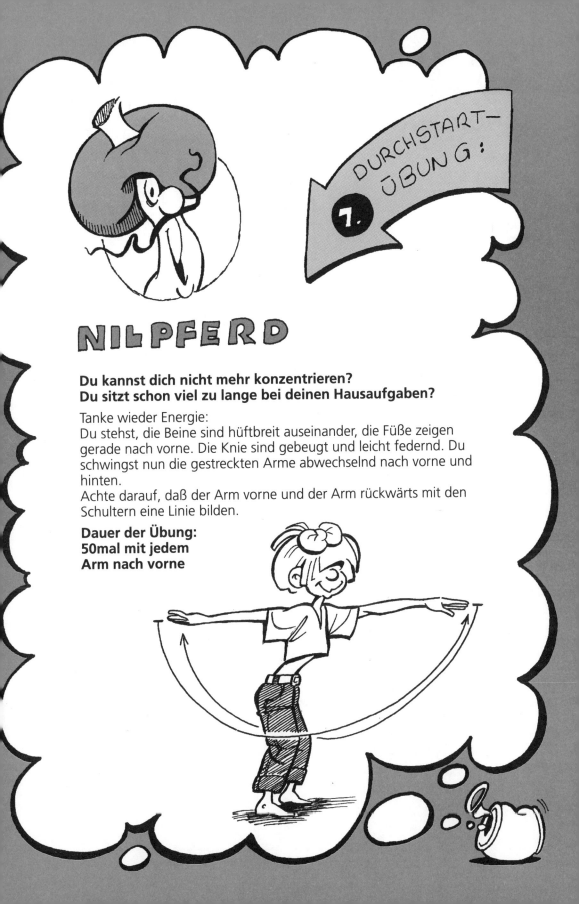

NILPFERD

Du kannst dich nicht mehr konzentrieren?
Du sitzt schon viel zu lange bei deinen Hausaufgaben?

Tanke wieder Energie:
Du stehst, die Beine sind hüftbreit auseinander, die Füße zeigen gerade nach vorne. Die Knie sind gebeugt und leicht federnd. Du schwingst nun die gestreckten Arme abwechselnd nach vorne und hinten.
Achte darauf, daß der Arm vorne und der Arm rückwärts mit den Schultern eine Linie bilden.

Dauer der Übung:
50mal mit jedem
Arm nach vorne

EINKAUFEN
SHOPPING

In ein Geschäft gehen
und etwas kaufen –
wer hat das noch nicht
gemacht. Es ist so alltäglich,
daß wir kaum darüber
nachdenken. Daher stört
und ärgert es uns, wenn wir
dieser gewohnten Beschäftigung
im Ausland nicht nachgehen können,
weil man uns nicht versteht.
Wenn man sich aber auf Englisch
verständigen kann,
wird vieles leichter!

Fürs **shopping** brauchst du bestimmte Redewendungen:

als Kunde (customer)	als Verkäufer (assistant)
I'd like to have / see / buy / send / try on / . . .	Can I help you?
Have you got . . .?	What can I do for you?
Can I have . . .?	Anything else?
I need / want / . . .	Is that all?
I'm looking for . . .	Here / There you are.
How much is / are . . .?	What size (Größe) / colour?
Here / There you are.	It's . . . / That's . . .
	Here's your change. (Wechselgeld)

example: *At the flower shop*

A = assistant·
C = customer

C: Good morning, Ms Finn.
A: Good morning, Jackie.
C: Ms Finn, have you got red roses?
A: Yes, of course. Pink ones or dark red ones?
C: Mmh. Dark red ones. I need five.
A: Five red roses. Here you are. Anything else?
C: No, thanks. How much are they?
A: Let me think. That's four pounds fifty.
C: 4.50. Here you are.
A: Thank you. And here's your change, 50 p. Bye, Jackie.
C: Good bye.

At the boutique

Du bist der Verkäufer / die Verkäuferin.
Finde die passenden Sätze und schreibe den Dialog.

> Anything else?   What can I do for you?   That's £ 9.
> And here's your change.   What colour?
> I've got this one in black and that one in black and white.
> The black one is £ 9 and the black and white one is £ 13.

A: Good morning . What ....?
C: I'm looking for a T-shirt.
A: ....?
C: Black or black and white.
A: ....
C: How much are they?
A: ....

C: Okay, the black one, please.
A: A ....?
C: No thanks.
A: ....
C: Here you are.
A: And ....
C: Bye.

At the Sock Shop:

Schreibe einen ähnlichen Dialog wie in Übung 1, diesmal aber mit *socks*.
Beachte, daß *socks* im Plural steht!

At the Deli (Delikatessengeschäft)

Hier stimmt etwas nicht! Die Dialogteile sind durcheinandergeraten.
Versuche sie neu zu ordnen und schreibe den richtigen Dialog.

Assistant (Verkäufer)	Customer (Kunde)
One pound is 90 p.	Yes. Half a pound of cheese.
All right, half a pound. Is that all?	I want some apples, please.
Okay. 1.80 for the apples, 2.30 for the cheese ... it's 4.50, please.	Thank you. Good bye.
❶ → Good morning. Can I help you?	Give me two pounds, please.
❷ → Would you like the red ones or the yellow ones?	Here you are.
Two pounds. Here you are. Anything else?	Well, I also need a bottle of milk. That's all then.
Thank you. And here's your change, 50 p.	The red ones, please. How much is a pound?

Diesmal bist du die Kundin (C). Was antwortest du der Verkäuferin?

A: Good afternoon, miss. Can I help you?
C: I'm looking for .... (Schuhe, Größe 7)
A: What colour would you like?
C: .... (du fragst, welche Farben es gibt)
A: We've got red ones, black ones and dark blue ones.
C: .... (dir gefallen die schwarzen; du fragst nach dem Preis)
C: Let me see! They are £ 85.
A: .... (das ist dir zuviel; du fragst nach den roten)
C: They are £ 53.
A: .... (du möchtest sie anprobieren)
C: Yes, of course.
A: .... (du nimmst sie und bezahlst)
C: Thank you. Good bye!

Jeden Tag nach dem Lernen sollte es etwas geben, worauf du dich **freuen** kannst (spielen, ins Kino gehen . . .).

●●●●●●●●●●●●

Die Beschreibung eines Menschen – eines Freundes, eines Verwandten, eines Lehrers oder die eigene – kann recht aufschlußreich sein für den, der sie liest. Er erfährt so etwas über eine Person, die er vielleicht nicht kennt. Du sollst auch wissen, wie man so etwas auf englisch macht. Dabei werden wir uns am Anfang natürlich auf einzelne Punkte beschränken: Name, Alter, Aussehen, Wohnort, Hobbys, Vorlieben, Abneigungen, Haustiere und Sprachkenntnisse.

> NAME: CHARLIE
> ALTER: IM BESTEN ALTER
> AUSSEHEN: FANTASTISCH
> WOHNORT: WELTENBÜRGER
> HOBBY : ESSEN
> ABNEIGUNG: SCHULE

Das sieht dann zum Beispiel so aus:

Colin Maxwell
●●●●●●●●●●●●

12
dark hair
brown eyes
Swansea
☺ model planes, boats
☹ computer games
↑ running
↓ swimming
♥ cat "Boots"
E (F)

Colin Maxwell is 12 years old. He has got dark hair and brown eyes. He lives in Swansea. He likes making model planes and boats, but he doesn't like computer games. He is good at running, but he is not good at swimming. Colin's pet is his cat "Boots". He likes him very much. Colin speaks English and a little French.

☺/☹   heißt „mag / mag nicht"
↑/↓   heißt „ist gut / nicht gut in . . ."
E   heißt „spricht Englisch"
(F)   heißt „spricht ein wenig Französisch"
♥   heißt „liebt"

Versuche die Beschreibung jetzt selbst. Diesmal noch mit Unterstützung.

Kathy Cunningham
....
11
Portsmouth
long, blond hair
blue eyes
good at school
↑ maths, physics
↓ French
☺ swimming
☻ ballgames
♥ dog "Bonzo".
E, (F)

Kathy Cunningham is ....
She lives ....
She has .... and ....
She is ....
She is good .... and ....,
but ....
She likes ...., but ....
Kathy has got ...., her dog "Bonzo".
She .... very much.
Kathy .... English and ....

Der Sheriff braucht deine Hilfe für eine Personenbeschreibung.

IM RESTAURANT

AT THE RESTAURANT

Wie beruhigend ist es doch, wenn man das, was man beim Kellner bestellt hat, auch wirklich bekommt!
Damit dir nicht so etwas wie Maxwell und Mac passiert, sollst du wissen, was du sagst.

als Gast (guest [gest])	als Kellner/in (waiter / waitress)
Can I have the menu, please?	Are you ready to order?
Can I order, please?	What would you like to eat?
Can I have the bill, please?	What would you like to drink?
I'd (I would) like to . . .	Anything else?
I'll (I will) take . . . / have . . .	Anything for dessert?
I want to have.	Just a minute! (Einen Augen-
Here you are.	blick, bitte.)
	That's . . . / It's . . .
	Here you are.

108

example: Ginny (G) und Mark (M) sind zum Mittagessen in einem kleinen Restaurant. Sie haben keinen großen Hunger und bestellen daher nur eine Kleinigkeit beim Kellner (W).

M: Waiter!
W: Yes, sir?
M: Can we have the menu, please?
W: Yes, of course. Here you are, sir.

W: Are you ready to order, sir?
M: Yes, we are. I'd like a piece of apple pie with ice cream and a cup of tea.
G: And I want a toasted ham-and-cheese sandwich with a salad.
W: And what would you like to drink?
G: Mineral water, please.
W: Very good, thank you.

W: Here you are, miss. Mineral water, toasted ham-and-cheese sandwich for you . . . tea and apple pie for you, sir.
G, M: Thank you.

M: Waiter, the bill, please!
W: Here you are, sir. Thank you.

Du fragst nach der Speisekarte. Dann bestellst du Grillhuhn mit Pommes frites (*roast chicken with chips*) und Apfelsaft. Zuletzt verlangst du die Rechnung.

I: Waiter, ... please.
W: Here you are, sir / miss.

W: Are you ready ...., sir / miss?
I: Yes. I'd ....
W: And to drink?
I: ....
W: Anything else, sir / miss?
I: ....

I: ...., please.
W: Yes, sir / miss. Here ....

TELEFONIEREN
ON THE TELEPHONE

Telefonieren ist seit langem eine Selbstverständlichkeit. Dabei sind im Lauf der Jahre bestimmte Gewohnheiten entstanden, von denen du einige gleich am Beginn deiner „Englischlaufbahn" kennenlernen sollst.

☆ Wie meldet man sich, wenn man angerufen wird?

"Brighton 225 . . ." (mit eigener Telefonnummer)
"This is Brighton 225 . . ." (mit *"This is"*)
"This is John Calvin." (mit seinem Namen)
Auch *"Hello!"* und *"Yes!"* sind möglich, aber weniger höflich.

☆ Wie meldet man sich, wenn man selbst jemand anruft?

"Hello, this is John Calvin." (man nennt seinen Namen)
"Hello, (this is) John Calvin speaking."
Sage nicht so wie im Deutschen *"Here is . . ."*
oder *"Here speaks . . ."*!

☆ Wie fragt man, wer spricht?

"Who is speaking, please?"
"Who is this?"

☆ Wie sagt man, was man will?

"I'd like to talk to/speak with . . ."
"Can I talk to/speak with . . ., please?"
"Is . . . at home?"

☆ Was sagt man, wenn man sich verwählt hat?

"Sorry, wrong number."

example: Sandra (S) ruft bei Lisa (L) an. Sie möchte wissen, ob Lisa am Samstag zu ihrer Geburtstagsfeier kommen kann. Lisa sagt zu und fragt, um wieviel Uhr die Party beginnt.

L: 7932461
S: Lisa? This is Sandra speaking.
L: Hi, Sandra? What is it?
S: Can you come to my birthday party on Saturday?
L: On Saturday? . . . Yes, I think so. When does it start?
S: At three o'clock.
L: That's fine. I can come.
S: Great! See you on Saturday.
L: See you!

Maurice ruft bei David an. Er fragt, ob David zu ihm kommen kann. Er schlägt vor, bei ihm einen Videofilm anzusehen oder ein Spiel (*"Mr X"*) zu spielen. David sagt zu. Er will in zehn Minuten dort sein. Schreibe den Dialog.

D: ....
M: Hello, David. This is Maurice. Maurice Warren.
D: ....
M: David, can you come over to my place? We can watch a new video film.
D: ....
M: Good idea. Let's play "Mr X".
D: ....
M: See you.

Du rufst bei Julia an, aber ihre Mutter (Mrs R.) meldet sich. Du fragst, ob du mit Julia sprechen kannst. Julia ist aber in der Stadt. Du bedankst dich bei Julias Mutter und legst auf. Schreibe den Dialog.

Mrs R.: 6097450. Mrs Randolph speaking.
You: ....
Mrs R.: Who is speaking, please?
You: ....
Mrs R.: Hello, (your name)! I'm afraid she's not here. She is in town this afternoon.
You: ....
Mrs R.: Bye.

NACH DEM WEG FRAGEN
ASKING THE WAY

Jemand nach dem Weg fragen oder jemand Auskunft geben, der einen selbst nach dem Weg fragt – das sollte man in einer Fremdsprache auf jeden Fall können, und zwar so bald wie möglich.
Du findest auf Seite 113 daher einen Plan der Innenstadt von *St. Augustus,* einer (nicht so ganz echten) Kleinstadt, irgendwo, wo man Englisch spricht . . .

Lies dir die Wörter und das Beispiel gründlich durch, bevor du zu üben beginnst. Es wäre ganz toll, wenn du dir die wichtigen Wörter und *phrases* merken könntest! Du mußt sie nämlich in den Übungen zu diesem Thema ständig anwenden!

Hier sind die wichtigsten Wörter und Phrasen:

A

Umstandswörter	Zeitwörter
straight ahead (geradeaus)	turn (into) (abbiegen)
left	cross (überqueren)
right	walk up (hinaufgehen)
over there (dort drüben)	walk down (hinuntergehen)
opposite (gegenüber)	walk along (entlanggehen)
beside/next to (daneben)	walk across (überqueren)
in front of (davor)	
behind (dahinter)	

Phrasen
Excuse me, . . .
Can you help me?
Can you tell me the way to . . .?
You are welcome. } gern
That's alright. } geschehen

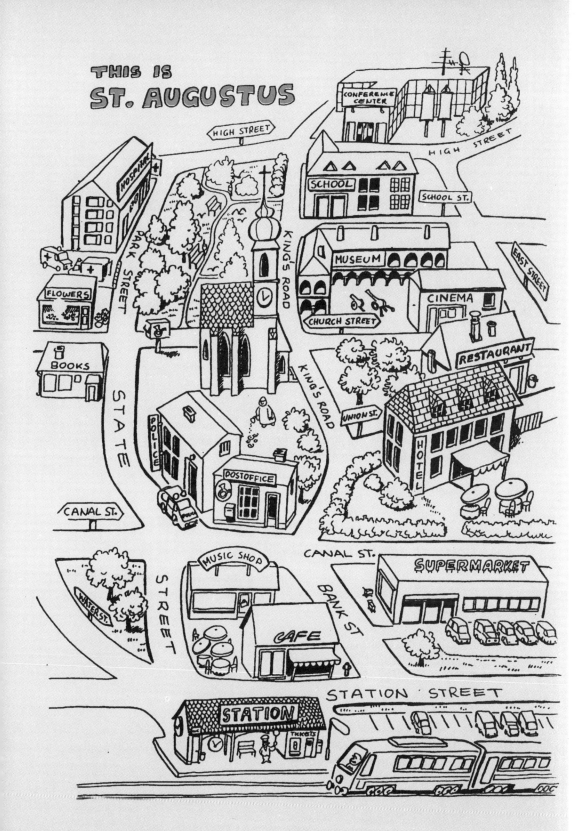

And here is the first example: *From the station to the museum*

A: Excuse me! Can you help me?
B: Yes, of course!
A: Where's the museum?
B: It's in King's Road.
A: And where is that?
B: Turn left over there. Walk straight down Bank Street. Cross
   Canal Street and walk up King's Road. Don't turn into Church
   Street! The museum is on your right, opposite the park.
A: I see. Thanks a lot.
B: That's alright.

☆ Verwende die **Befehlsform**. *(turn left, walk, cross, . . .)*
☆ Gib an, **wie weit** jemand gehen muß, **wo** er/sie abbiegen muß usw.
   (turn left at/into, go to, . . .)
☆ Verwende **Lagewörter** *(right, left, opposite, . . .)*

Die Übungen 1–7 solltest du auf keinen Fall auf einmal machen! Laß dir
dabei Zeit, verteile die Arbeit auf mehrere Tage. Schreibe nicht ins Buch,
sondern in dein Übungsheft. So kannst du die einzelnen Übungen – je
nach Lust und Laune – beliebig oft wiederholen. Und vergiß nicht: Durch
Wiederholen festigst du das, was du lernst!

From the hospital to the conference centre

Setze passende Wörter ein. Damit dir das Üben am Anfang leichter fällt,
ist in den meisten Fällen der erste Buchstabe eines jeden Wortes angege-
ben.

A: Excuse me, can you h ... m ...?
B: Yes, sure! What can I do for you?
A: W ... is the conference centre?
B: It's in H ... S ... .
A: And where is ...?
B: Cross Park Street and t ... l ... into Church Street. Walk s ... a ... .   At
   the cinema t ... l ... again and w ... up East Street. The conference
   centre is at the end of E ... S ... .
A: I s ... .   Thank you.
B: ....

From the café to the cinema

2

Finde die passenden Fragen. Denke daran: Es gibt mehrere richtige Lösungen. Wichtig ist nur, daß du eine davon findest! (Anfangsbuchstaben wirst du keine mehr sehen!)

A: ....?
B: Yes, I think so.
A: ....?
B: It's in Church Street, at the corner of East Street.
A: ....?
B: Turn left outside the café and left again into Bank Street. Cross Canal Street and walk up King's Road. At the church turn right into Church Street. The cinema is on the left, next to the museum.
A: ....
B: That's alright.

From the restaurant to the park

3

Und noch einmal! Finde wieder passende Fragen.

A: ....?
B: Yes, of course.
A: ....?
B: Let me think . . . Yes! Turn right outside the restaurant and first right again, into King's Road. Walk up King's Road to Church Street. The park is opposite the church.
A: ....
B: You are welcome.

From the supermarket to the bookshop

Wieder sollst du passende Fragen bzw. Antworten finden.

A: .... ?
B: Yes, sure.
A: .... ?
B: The bookshop . . . Oh, it's in Church Street.
A: .... ?
B: Turn left outside the market. That's Canal Street. Then turn second right into State Street. Walk up State Street to Church Street. Turn left at the telephone booth. The bookshop is on the left, opposite the flower shop.
A: ....
B: You're welcome.

From the hotel to the church

Und nun zu einer anderen Übung. Jetzt sollst du die Antworten auf die gestellten Fragen geben. Auch hier gibt es natürlich nicht nur eine richtige Lösung!

A: Excuse me. Can you tell me the way to the church?
B: ....
A: How do I get there?
B: ....
A: That's easy. Thank you!
B: ....

From the school to the music shop

Du bist wieder dran. Kannst du „dem Suchenden den Weg zeigen"? Setze passende Antworten ein.

A: Excuse me!
B: ....
A: Can you tell me the way to the music shop?
B: ....
A: Where's Canal Street?
B: ....
A: I see. Thanks a lot.
B: ....

From the station to the police station

7 Das ist die letzte (gesteuerte) Übung. Noch einmal sollst du Fremdenführer spielen und die Fragen beantworten.

A: Excuse me. Can you help me?
B: ....
A: Can you help me? I'm looking for the police station. Where is it?
B: ....
A: Where is State Street?
B: ....
A: I see. Thank you very much.
B: ....

Du kannst, wenn du Lust hast, auch noch weiter üben. Hier einige Vorschläge:

☆ *from the café to the hospital*
☆ *from the park to the restaurant*
☆ *from the conference centre to the post office*
☆ *from the hotel to the flower shop*
☆ *from the conference centre to the police station*

Gutes Gelingen! Wenn du diese Dialoge beherrscht, kannst du dich ruhig einmal in England verirren. Du wirst den richtigen Weg sicher erfragen können!

Verwende zum Aufwärmen unsere Durchstartübungen. **Lerngymnastik** steigert deinen Lernerfolg. Außerdem bist du damit deinen Mitschülern um die berühmte Nasenlänge voraus.

MUDRA ZUM GEHIRNEINSCHALTEN

Dir fehlt die zündende Idee?
Du hast Angst, daß dir bei der Prüfung nichts mehr einfällt?
Dir fehlt die Motivation zum Lernen?

Schalte dein Gehirn wieder ein:
Du legst die Daumenkuppen auf Ring- und Kleinfingernagel.
Halte diese Stellung mit beiden Händen gleichzeitig.
Das Mudra solltest du 6mal täglich machen. Natürlich auch dann, wenn
du dein Gehirn dringendst brauchst; vor einer Prüfung zum Beispiel.

Dauer der Übung:
mindestens 4 Minuten

WIE SPÄT IST ES?
WHAT'S THE TIME?

Du hast zwei Möglichkeiten, die Uhrzeit auf Englisch anzugeben:

*twenty-five **past** nine*

nine twenty-five

*twenty-five **to** three*

two thirty-five

Schauen wir uns zuerst die rechte Möglichkeit an. Sie ist ziemlich einfach: Du nennst nur **Stunde** und **Minuten** und sonst nichts. Das sieht so aus:

> 3:15 → **three fifteen**
> 10:30 → **ten thirty**
> 7:48 → **seven forty-eight**
> 5:05 → **five o five** (Statt null sagt man „o".)

Man sagt allerdings nicht 13, 14, . . . 17, . . . 20, . . . Uhr, sondern beginnt nach 12 Uhr mittags wieder „von vorne" zu zählen. Es heißt daher:

> nicht 14:20, sondern → 2:20 (two twenty);
> nicht 17:35, sondern → 5:35 (five thirty-five);
> nicht 20:03, sondern → 8:03 (eight o three);
> nicht 22:17, sondern → 10:17 (ten seventeen).

Damit aber ganz klar ist, ob man 10 Uhr am Vormittag oder 10 Uhr am Abend meint, kann man sagen und schreiben:

> von null Uhr bis 12 Uhr Mittag → a.m. [aɪ əm]
> von 12 Uhr Mittag bis 24 Uhr → p.m. [piː əm]

Also: 1:30 ist 1:30 *a.m.* (ein Uhr dreißig nachts)
          11:45 ist 11:45 *a.m.* (knapp vor Mittag)
          16:20 ist 4:20 *p.m.* (knapp vor halb fünf Uhr)
          20:55 ist 8:55 *p.m.* (knapp vor neun Uhr abends)
          00:10 ist 12:10 *a.m.* (warum wohl?) Weil es vor 12.00 Uhr mittags ist und man im
                                        Englischen null Uhr nicht sagt.
          12:20 ist 12:20 *p.m.* (warum?) Weil es nach 12.00 Uhr mittags ist.

Machen wir dazu gleich eine (leichte) Übung!

Schreibe die angegebenen Uhrzeiten in Worten bzw. in Ziffern auf.
(Bei den Übungssätzen 1–10 schreibe *p.m.* bei Angaben ab 13 Uhr.)

1	11:24 Uhr	11 six twenty-three p.m.
2	2:13 Uhr	12 six o nine
3	12:15 Uhr	13 eight forty-four p.m.
4	14:33 Uhr	14 twelve forty-five a.m.
5	9:51 Uhr	15 eight eleven
6	3:40 Uhr	16 twelve twenty-nine p.m.
7	19:30 Uhr	17 one thirty-eight p.m.
8	7:17 Uhr	18 four o eight
9	21:22 Uhr	19 ten twenty-five p.m.
10	1:55 Uhr	20 twelve o three a.m.

Die andere Möglichkeit der Zeitangabe ist etwas komplizierter. Man geht immer von der vollen Stunde aus. Von der Stellung des großen Zeigers hängt es ab, ob man

past	(das heißt nach der letzten vollen Stunde) oder
to	(das heißt vor der nächsten vollen Stunde) sagt.

Schau dir das in der Skizze an:

nine o'clock
ten o'clock
five **to** ten   five **past** nine
ten **to** ten   ten **past** nine
(a) quarter to ten   **(a) quarter past** nine
twenty **to** ten   twenty **past** nine
twenty-five **to** ten   twenty-five **past** nine
half past nine

MIT MEINER SCHWEIZER LEICHTLAUF-SANDUHR KOMME ICH BESSER ZURECHT!

Eines sollst du noch wissen, bevor es ans Üben geht! Du sagst zwar z. B. **five to ten** oder **twenty-five past six**, aber du mußt z. B. **twelve minutes to ten** oder **twenty-seven minutes past six** sagen. Dahinter steckt eine Regel:

☆ Wenn die Minuten durch die Zahl 5 teilbar sind, genügt es, wenn du z. B. **five to ten** sagst, also **ohne minutes**. Bei 15, 30, 45 ist es etwas anders.

teilbar durch 5	bei 15, 30, 45
9:20 twenty past nine	2:15 (a) quarter past two
11:55 five to twelve	2:30 half past two
3:05 five past three	2:45 (a) quarter to three

☆ Wenn die Minuten durch die Zahl 5 nicht teilbar sind, mußt du z. B. **seven minutes to ten** sagen, also **mit minutes**.

nicht teilbar durch 5
12:23 twenty-three minutes past twelve
1:42 eighteen minutes to two

2 Schreibe die Zeitangaben aus Übung 1 mit *to* oder *past* sowie mit oder ohne *minutes*.

 3 *How about some maths in English? It can be fun!*

Every morning, from Monday to Friday, Mr Woodehouse gets up at .

He washes and gets dressed. At *a quarter past seven* he has breakfast:

always two cups of tea and two pieces of toast with marmalade. At *five*

to eight he leaves the house and walks to the train station. His train

usually comes at **8:05**. At *quarter to nine* Mr Woodehouse is in his

office *(Büro)*. He works from *nine o'clock* to *four thirty*. He takes the

5:05 train back. He has dinner at the pub *(Gasthaus)* from

o'clock to . Then he goes home and reads a book or watches TV.

At *ten o'clock* Mr Woodehouse goes to bed.

Can you find out . . .

Wieviel Zeit vergeht zwischen dem Aufstehen und der Ankunft des Zuges?
Wie lange nach dem Weggehen von zu Hause kommt Herr Woodehouse
im Büro an?
Wie lange arbeitet er dort?
Wie lange ist er von zu Hause weg?
Wieviel Zeit nimmt er sich
fürs Abendessen?
Wie lange schläft er während
der Woche?

*Write your answers in English!
I'm sure you can do it!*

WHAT'S IN A ROOM?

In Beschreibungen aller Art verwendet man sehr oft **there is** ("es gibt", "da ist") und **there are** ("es gibt", "da sind"). Wenn etwas nicht da ist, sagt man **there is no / there are no**.

Was liegt, steht, hängt, . . . da so alles in Maxwells Zimmer herum!

examples: kein Fernseher / im Zimmer → **There is no** TV in the room.
comics / auf dem Boden → **There are** comics on the floor.

1 zwei Stickeralben / auf dem Kasten
2 kein Computer / im Zimmer
3 Blumentopf / auf dem Boden
4 keine Schulsachen / im Zimmer
5 Pullover / auf dem Käfig (cage)
6 kein Hamster / im Käfig
7 Bausteine (building blocks) / neben dem Radio
8 keine Kleider (clothes) / im Kasten

Es ist dir sicher schon aufgefallen, daß sich die englische Rechtschreibung von der deutschen unterscheidet, und dabei ist ja selbst die deutsche schon schwierig genug.

Für dich in der 1. Klasse sind vor allem folgende Regeln wichtig:

❶ Das **stumme -e** am Wortende fällt weg, wenn an das Wort noch eine Endung angehängt wird:

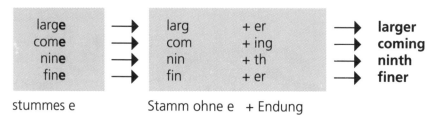

large	→	larg	+ er	→	**larger**
come	→	com	+ ing	→	**coming**
nine	→	nin	+ th	→	**ninth**
fine	→	fin	+ er	→	**finer**

stummes e Stamm ohne e + Endung

❷ **Bei kurzen Wörtern** wird der letzte Mitlaut verdoppelt, wenn eine Endung angehängt wird:

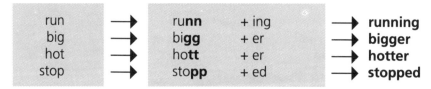

run	→	runn	+ ing	→	**running**
big	→	bigg	+ er	→	**bigger**
hot	→	hott	+ er	→	**hotter**
stop	→	stopp	+ ed	→	**stopped**

Mitlautverdoppelung + Endung

❸ **Das -y am Wortende:**
☆ Steht vor dem -y ein Selbstlaut (a, e, i, o, u), so bleibt das -y erhalten, wenn eine Endung angehängt wird:

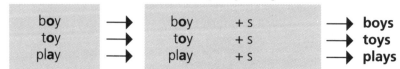

boy	→	boy	+ s	→	**boys**
toy	→	toy	+ s	→	**toys**
play	→	play	+ s	→	**plays**

Selbstlaut + y Selbstlaut + y + Endung

☆ Steht vor dem -y ein Mitlaut, so wird aus dem -y ein -i,
wenn eine Endung angehängt wird:

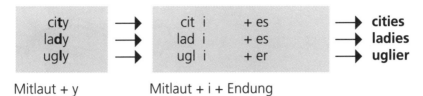

city	→	cit i	+ es	→	**cities**
lady	→	lad i	+ es	→	**ladies**
ugly	→	ugl i	+ er	→	**uglier**

Mitlaut + y   Mitlaut + i + Endung

TiP

Vielleicht hast du es auch schon bemerkt:
Es gibt im Englischen typische Buchstabenfolgen, die immer wieder vor-
kommen. Man schreibt sie immer gleich, und man spricht sie auch immer
gleich aus.

ght
z. B. in *light, night, bright, fight, might* oder
in *brought, fought, caught* und viele andere.
(Wird immer als „t" gesprochen.)

wh-
bei den Fragewörtern *what, when, where, why* wird
immer „w" gesprochen; bei den Fragewörtern *who,
whom* wird immer „h" gesprochen.

sh
z. B. in *short, wish, fish, dish, ship, sheep.*
(Wird wie das deutsche „sch" ausgesprochen.)

ch
z. B. in *chair, teacher, much, cheese, chalk, champion,
change, cheap.*
(Wird wie das deutsche „tsch" ausgesprochen.)

TOP TEN · LERNTIPS

AND NOW
THE INTERESTING
PART!

Wenn du ängstlich bist, „spiele"
zu Hause Prüfung.
Das macht selbstbewußter,
und du gehst gestärkt zur
echten Prüfung.

STORIES

Das Kapitel **stories** will dir helfen, eine ganz wichtige Fertigkeit in Englisch zu entwickeln: nämlich einen Gedanken, einen Text richtig zusammenzufassen.

Aber auch dein Leseverständnis soll gefördert werden, damit du auch eine englische Geschichte, eine englische Zeitung lesen kannst, ohne gleich die Flinte ins Korn zu werfen.

TiP Noch ein Tip fürs Lesen:
Wenn du einen englischen Text liest, wirst du nicht immer alle Wörter kennen, aber du wirst aus dem Zusammenhang erraten können, worum es geht. Schlag also nicht bei jedem Wort nach, sondern versuche, zuerst den Sinn des Textes zu verstehen. Im Wörterbuch (*dictionary*) kannst du ja später zwecks Kontrolle immer noch nachschauen.

Die Geschichten und die daran anschließenden Arbeitsaufgaben sind immer in der gleichen Reihenfolge aufgebaut:

1. *read the story* (Lesen)
2. *fill in* (Wörter einfügen)
3. *finish sentences* (Sätze weiterführen)
4. *true or false?* (Richtig oder falsch?)
5. *make dialogues* (Gespräche schreiben)
6. *answer questions* (Fragen beantworten)
7. *why-questions* (Warum-Fragen)
8. *retell the story* (Nacherzählen)

Übrigens: Schalte nach der 4. oder 5. Übung eine Lernpause ein und mache eine Durchstartübung!

OKAY, LET'S READ THE STORY.

Brave Benny

1 Read the story.

Lies laut, wenn du leise liest, liest du über deine Fehler hinweg.

*Benny is a little bunny, and bunnies are little rabbits. Benny is black
and white, and he has a pink nose. He and his mother live in a large
green meadow with a lot of blue, red, and yellow flowers in it.*

*"My dear Benny", his mother says one morning, "I must go and
find some carrots. Please wait for me and be a good bunny. Do not
run across the street. And, Benny, do not go into Mrs Fielding's garden. She has a dog, and dogs do not like rabbits." Benny says, "Yes,
Mum, I am a good bunny. I will not go into Mrs Fielding's garden."
And mother gives him a good-bye kiss and goes away.*

*Benny plays with the flowers and lies in the sun, but then he
looks across the street. He sees his mother. She is running, but she
cannot run very fast, because she has a big carrot in her mouth. And
there is a dog behind her. She tries to hide, but the dog always finds
her again and chases her.*

*Benny jumps up and runs across the street. When the dog sees
the little bunny, he turns around. He thinks "This is only a little rabbit,
so he cannot run very fast", and he runs after Benny. Mother rabbit
runs home to their rabbit hole. But then she sees her son and the big
dog running behind him. She is so frightened. The big carrot falls out
of her mouth. But Benny is a brave rabbit. When Mrs Fielding comes
out of her house, the dog looks at her. At this moment Benny hurries
across the street and jumps into his mother's arms.*

*They are very happy. When they are in their rabbit hole, they sit
down and eat their big carrot.*

Tips zur richtigen Aussprache:

black: weiches [b] und beim [a] den Mund weit aufmachen
white: w wie ein kurzes [u] aussprechen
pink: hartes [p]
mother: Zunge beim th zwischen die Zähne
says: nicht [seis] sagen, sondern [ses]; das [i] ist falsch
because: das au wird als [o] gesprochen
mouth: wieder auf das th aufpassen
frightened: [fraitend]

2 Fill in.

 1 Bunnies are little rabbits.
 2 He and ... live in a ... with a lot of flowers in it.
 3 "I must ... some carrots."
 4 "Do not ... the street."
 5 She has a dog, and dogs ... rabbits.
 6 Benny ... the flowers and ... the sun.
 7 She is running but ... fast.
 8 The dog thinks, "This is ... rabbit, he cannot ... fast".
 9 The big carrot ... mouth.
10 At this moment Benny ... the street and ... mother's arms.
11 When they are ... hole, they ... their big carrot.

3 Finish sentences.

Versuche die Satzanfänge zu Ende zu führen.

1 Mother says, "Please wait for me and be a good bunny".
2 Benny plays with the flowers and ....
3 She is running, but she cannot run very fast, because ....
4 She tries to hide, but the dog ....
5 At this moment Benny hurries across the street and ....

4 True or false?

Du mußt die Geschichte nun schon gut kennen, um diese Übung mit null Fehlern zu bewältigen.

  1 Rabbits are little bunnies. True
  2 Benny and his father live in a little meadow.
  3 Mother says, "Do not run across the street."
  4 Mrs Fielding has a dog, and dogs don't like cats.
  5 Benny's mother cannot run fast, because she has a carrot in her mouth.
  6 Benny plays with the other animals in the meadow.
  7 Benny's mother tries to hide, so the dog cannot find her.
  8 Mother rabbit sees her son, and a big dog is running behind him.
  9 When Mrs Fielding comes out of her house she sees Benny.
10 When they are in their rabbit hole, Benny lies down and falls asleep.

Hast du alle falschen Aussagen gefunden? Es waren sechs!

5 Make a dialogue.

Mother:	My dear Benny, I must go out. Please wait for me and be a good bunny.
	Do not run ... .
	Do not go ... .
Benny:	Yes, Mum, I am ... .
	I will not go ... .
Mrs Fielding's dog:	This is only ... .

6 Answer questions.

  1 Where do the rabbits live?
    The rabbits live in a large green meadow.
  2 What does Mrs Rabbit say one morning?
  3 Where must Benny not run?
  4 What do dogs not like?
  5 Where will Benny not go?
  6 What does mother give him when she goes away?
  7 Where does Benny lie?
  8 What does Benny see when he looks across the street?
  9 What does the dog think when he sees Benny?
10 What does the dog do?
11 When does the dog look at Mrs Fielding?
12 What do the rabbits do in their rabbit hole?

7 Why-questions.

1 Why does Mother Rabbit give Benny a kiss?
   (Mother Rabbit gives Benny a kiss) Because she goes away
2 Why can Mother Rabbit not run very fast?
3 Why does the dog run after Benny?
4 Why is Mother Rabbit so frightened?
5 Why are the rabbits happy in the end?

8 Retell the story.

     Benny is a little bunny. He lives with his mother ... One day
Mother Rabbit says, "... but please do not ... ." Benny says, "Yes Mother,
I will ... " And Mother gives him ...
     Benny plays with ... but then he looks ... He sees ... She is running
... She cannot ... because she has ... She tries to ... but the ... Benny jumps
up and the dog turns ... and runs ... He thinks ...
     When Mother Rabbit sees the dog and Benny she is ... , and the
carrot ... When Mrs Fielding ... At this moment ... When the rabbits are ...
and eat ...

Nun hast du die ganze Geschichte geschafft. Wenn du alles ehrlich gemacht hast, dann
blättere in deinem Übungsheft zurück. Du wirst sehen, daß du am Schluß weniger Fehler
gemacht hast als am Anfang.

The Fox and the Squirrels

1 Read the story.

Lies laut, wenn du leise liest, liest du über deine Fehler hinweg.

A little squirrel lives in a big old tree with some other squirrels. The tree stands in an old green wood with many animals, big and small, young and old. Some live under the ground, some high up in the trees, some fly in the air, and some walk around and try to catch the others.

One of them is Smuck-A-Nunarda-Dash, the fox. His name is as long as his tail. The little animals call him "Big Smuck", but the big ones just say "Smucky Boy", because they are not afraid of him. Smuck does not like this. He thinks he is a very wild fox.

One day the squirrels play hide-and-seek. They run up and down the trees and jump from branch to branch. And they do not watch the fox, who is coming nearer and nearer.

Suddenly, when a little squirrel is sitting at the foot of the tree, Smuck jumps out of the bush and stands in front of the squirrel. He opens his mouth and shouts, "Now you are mine, little bushy-tail. I will eat you for my breakfast."

The little squirrel is very afraid, and all the other squirrels are afraid, too. They want to help their friend, but they don't know what to do.

Then the oldest squirrel has an idea. He shouts down to the fox, "Big Smuck, you are a strong and brave animal, you are the wisest animal in the wood, you have the most beautiful tail. Please, let us sing a song for you. Then you may have the little squirrel for breakfast."

"A song for me?" the fox thinks and says, "Let me hear your song!" Then the old squirrel starts singing.

> *"Smuuuuuuuuuuck-A-Nunaaaaaaaaarda-Daaaaaaaash,*
> *foooooooooooooox, we are your frieeeeeeeeeend!*
> *Smuuuuuuuuuuck-A-Nunaaaaaaaaarda-Daaaaaaaash,*
> *We loooooooove you till the eeeeeeeeeeeeeeeeeend!"*

Then the other squirrels join in (stimmen ein), and they all sing from the trees and branches.

The fox thinks, "The big animals will not call me Smucky Boy anymore when they hear this song." And he says, "What a wonderful song the squirrels have for me." They all sing as loud as they can, and the bear wakes up.

When he hears the song he thinks, "What a terrible noise!", and he runs to the squirrels' tree. We all know, squirrels are not good at singing, and when the bear sees the fox, he shouts, "Smucky Boy, stupid, go home, and leave the squirrels alone. I want to sleep!"

When the fox sees the angry bear with his big teeth, he is very afraid and runs home. And when the squirrels are all back in their tree, the oldest squirrel says to the bear, "Sorry, but we will not sing any more!" And so the bear goes home to sleep. But when the squirrels are in their holes, they repeat their song again in a low voice.

And then they all laugh and are happy.

Tips zur richtigen Aussprache:

the air:	vor einem Selbstlaut wird das e von *the* als [i] ge- sprochen
thinks, mouth:	th deutlich sprechen
wisest:	w als kurzes [u] sprechen
the fox thinks:	viele th- und s-Laute
	fox endet auf [s], und dann deutlich [th] für *thinks* sagen
wake :	bei w die Lippen rund machen wie bei einem [u]
teeth:	hartes [t] am Anfang, dann deutlich [th]

2 Fill in.

1 The squirrels live with many animals.
2 One day ... -and-seek.
3 He opens ... shouts.
4 They want ... but they ... do.
5 Then the other squirrels join ... and branches.
6 "The big animals ... when they ... "
7 "What a wonderful ... for me."
8 They sing ... wakes up.
9 When the fox sees ... and runs home.
10 But when the squirrels ... in a low voice.

3 Finish sentences.

1 The little animals call him "Big Smuck"
2 Suddenly, when a little ...
3 Smuck jumps out of ...
4 "Then you may have ...
5 The fox thinks, "The big animals will not ...
6 When the fox sees the angry bear ...

4 True or false?   Wirst du die sechs falschen Aussagen finden?

1 The tree stands in an old wood. True
2 His name is longer than his tail.
3 One day the squirrels play football.
4 Smuck jumps out of the bush and stands in front of the squirrel.
5 The other squirrels want to help their friend.
6 The youngest squirrel has an idea.
7 "I don't want to hear your song", the fox says.
8 They all sing as loud as they can, but the bear doesn't wake up.
9 The fox and the bear sing with the squirrels.
10 "We will not sing any more", the squirrel says to the bear.

5 Make a dialogue.

Old squirrel:	Let us play hide-and-seek.
Young squirrel:	Yes, ...
Smuck:	Now, you are ...
Old squirrel:	Big Smuck, you are ...
Smuck:	The big animals will not ... What a wonderful ...
Bear:	What a terrible ...
Old squirrel:	Sorry, ...

6 Answer questions.

1 Where do the squirrels live?
   The squirrels live in an old wood
2 What do the big animals call the fox, and what do the little animals call him?
3 What do the squirrels play one day?
4 Who is coming nearer and nearer?
5 What is a "bushy-tail"?
6 Do the squirrels know how to help their friend?
7 What does the oldest squirrel do?
8 What does the bear do all day long?
9 Are squirrels good at singing?
10 What do the squirrels sing in their holes?

7 Why-questions.

1 Why do the big animals call the fox "Smucky Boy"?
   (They call the fox "Smucky Boy") Because they are not afraid of him
2 Why is the little squirrel afraid?
3 Why does the old squirrel start singing?
4 Why does the bear wake up?
5 Why does the bear shout at Smuck?
6 Why do the squirrels sing in their holes?

8 Retell the story.

A squirrel lives in a big old tree with other ... There are many animals ... and one of them is ... . The squirrels are afraid ... , but the big animals ... One day the squirrels play ... and do not watch ... who ... When the little squirrel ... the fox ... The squirrels want ... but they ...

Then the oldest squirrels has ... and he sings ... The fox thinks ... So they all sing as ... and the bear ...

When the fox sees ... In the end the squirrels are sitting in their holes and ...

Nun hast du die ganze Geschichte geschafft.
Wenn du alles ehrlich gemacht hast,
dann blättere in deinem Übungsheft zurück.
Du wirst sehen, daß du am Schluß
weniger Fehler gemacht hast als am Anfang.

Stu Silkhat

1 Read the story.

Lies laut, wenn du leise liest, liest du über deine Fehler hinweg.

Stu Silkhat is the Easter rabbit. He has a lot of problems. The Easter eggs are all painted and his house is full of them, but he cannot hide them for the children. He needs his lorry to take the eggs to town, but his lorry is broken. Stu cannot wait any longer, because the children have their Easter holidays, and the next day is Easter Sunday.

Stu sits and thinks for a long time. He has some crazy ideas, but he cannot think of a way to take the Easter eggs to town. Then he remembers Wooshy Blacktail. Wooshy is a strange rabbit. He does not eat carrots or lettuce, like all the other rabbits. He is fond of kiwis, chocolate, and best of all, ketchup, hot ketchup. So you often see him running around with red whiskers. Perhaps he can help Stu.

Stu crawls out of his hole and hurries to Wooshy. Big Wooshy is lying in front of his hole. His fur is white all over, but he has a black tail.

"What can I do for you?" Wooshy asks. "Oh, help me, help me", Stu says, with his ears hanging down. Then he tells Wooshy about his problems.

"Why don't you", Wooshy begins, as he always does, and then he tells Stu what he wants to say. First Stu does not believe Wooshy, but Wooshy talks and talks, until Stu knows that Wooshy is right. It is the only way out.

Stu Silkhat is very happy. He shakes Wooshy's paws and says that he will bring him a big red carrot as a present. Wooshy's ears go down, but then Stu says, "Sorry, Wooshy, no carrots for you, I know." Wooshy says, "Why don't you bring me some kiwis with hot ketchup?" "I will, I will", Stu says and runs home.

Next day is Easter Sunday, and there is a big surprise for the children. When they look out of the windows, they don't see any Easter eggs, but posters all around the streets and on the walls.

STU SILKHAT – THE COOL EASTER RABBIT
Forget the old kind of Easter!
Forget the old hiding game!
GET COOL EASTER EGGS
FROM THE COOL EASTER MARKET

And Stu is very happy. All the children come to him. Stu has painted his lorry in the colours of the Easter eggs, and he is playing pop-music on his cassette recorder. And there is Stu, standing on his lorry, giving coloured eggs to every child. And the children dance and are happy to have a very new and very modern Easter Sunday.

And in the evening Wooshy comes along. He looks at Stu and at the lorry and says, "Why don't you . . .", but that is another story.

Tips zur richtigen Aussprache:

Stu:	Kurzform von *Stuart* [stju:]
crazy:	c als [k] sprechen
Wooshy:	oo ist u
whiskers:	w wieder als [u]
crawls:	ein langes [o] wie in *saw*
fur:	klingt wie *Sir*
paw:	wie *saw*
surprise:	reimt auf *sunrise*

2 Fill in.

1 Easter eggs are all painted and the house is full of them.
2 He needs his lorry ... but ...
3 He has some crazy ideas, but ... to town.
4 Therefore you mostly ... red whiskers.
5 He tells Wooshy ... problems.
6 First Stu does not ... but Wooshy ... until Stu knows ...
7 He shakes Whooshy's paws and ... carrot as a present.
8 When they look out ... see any Easter eggs.
9 And there is Stu ... giving ... child.
10 And the children dance and ... modern Easter Sunday.

3 Finish sentences.

1 The Easter eggs are all painted.
2 He needs his lorry to ...
3 Stu sits and thinks ...
4 Therefore you mostly ...
5 First Stu doesn't believe Wooshy but ...
6 Next day is Easter Sunday, and there ...
7 Sam has painted his lorry in ...
8 And the children dance and ...

4 True or false?   Es sind vier falsche Aussagen!

1 Stu has problems because he has no paint any more. False
2 Wooshy is like all the other rabbits.
3 Wooshy has big white whiskers.
4 Wooshy always begins with "Why don't you".
5 Next day the children see a big surprise.
6 Stu Silkhat is a cool Easter rabbit.
7 Stu is standing on his lorry singing Easter songs.
8 The children dance and are happy.

5 Make a dialogue.

Stu:	I have a problem, because my lorry is broken.
	I will go and ask ... Maybe he ...
Wooshy:	Why don't you ... believe me, it is ...
Stu:	I will bring you a ...
Wooshy:	No, no, I want ...
Stu:	Hello, children, I am the ...
Children:	Yeah, yeah, we have ...
Wooshy:	...

6 Answer questions.

1 What does Stu need to take the Easter eggs to town?
   Stu needs a lorry.
2 What does Wooshy like to eat?
3 What does Wooshy not like to eat?
4 What do the children see when they look out of the window?
5 What is written on the posters?
6 Who is the "Cool Easter Rabbit"?
7 Where is Stu standing?
8 What are the children doing?

7 Why-questions.

1 Why has Stu got problems?
   (Stu has got problems) Because his lorry is broken
2 Why does he ask Wooshy Blacktail?
3 Why has Wooshy got red whiskers?
4 Why does Stu play pop-music?
5 Why are the children happy?

8 Retell the story.

Stu Silkhat has got problems because his lorry ... Stu thinks of ... and he hurries ...
Wooshy is ... he does not like ... but he likes ... therefore you see ...
"Why don't you ... ", Wooshy says. Stu does not believe ... but then ...
Next day is Easter Sunday and there is ...
When they look ... they don't see ... but they see ...
There is Stu on ... and he has a ... and plays ...
And the children are ... modern Easter Sunday.

Nun hast du die ganze Geschichte geschafft.
Wenn du alles ehrlich gemacht hast,
dann blättere in deinem Übungsheft zurück.
Du wirst sehen, daß du am Schluß
weniger Fehler gemacht hast als am Anfang.

DURCHSTART-ÜBUNG: 9.

BECKENACHTEN UND ARMKREISEN

Du fühlst dich schlaff?

„Male" mit deinem Becken eine Acht, damit dein Körper Energie zum schöpferischen Träumen bekommt:

Du stehst mit leicht gebeugten Knien, die Füße sind hüftbreit auseinander. Du streckst die Arme nach hinten und verschränkst die Daumen ineinander. Nun machst du mit den Hüften eine Vor- und Rückwärtsbewegung, so daß daraus eine Acht entsteht. Der Oberkörper bleibt dabei aufrecht, die Atmung ist fließend.

Achte darauf, daß die Ellbogen möglichst gestreckt bleiben.

Dauer der Übung: 30mal

Eine letzte Übung zur Aktivierung deiner Energie:

Du stehst hüftbreit, die Knie locker. Du kreist nun mit beiden Armen gleichzeitig von vorne nach oben, über den Kopf nach hinten.

Achte darauf, daß die Ellbogen gestreckt bleiben.

Dauer der Übung: 50mal

TESTS

Englisch ist ein sogenanntes „aufbauendes" Fach. Das heißt, daß alles, was du lernst, auch später gekonnt und angewendet werden muß – mit Ausnahme der *stories* natürlich.

Du darfst also den Stoff des *1st test* nicht vergessen haben, wenn du den *2nd test* schreibst.

Der Stoff des jeweiligen *test* sagt nur, was du schon können sollst.

1st test

3rd person singular
prepositions
school things
negation

dialogue about shopping
question words
possessive pronouns

1. Write the text in the 3rd person singular.
(Boys write about Judy, girls write about Alec.)

9 Punkte

I like school. In my classroom I sit between Susan and Nick. I am good at English, but I don't like biology so much. I want to learn German. I cannot speak it. I have English on Tuesday, Friday and Saturday, three days a week.

2. Where is ... ? Where are ... ?
   Write the correct prepositions.

6 Punkte

a) The mouse is ...
b) The ball ...

c) The schoolbag
d) The clock ...

e) The book ...
f) The tree ...

3. Make a list of ten words: School things.

4. Write a dialogue: Shopping
(Du möchtest 2 Hefte, ein Lineal und einen roten Bleistift kaufen. Alles zusammen kostet 2,60 Pfund; du bezahlst mit 3 Pfund.)

5. Negate the following sentences.
a) My desk is very practical.
b) We learn German in school.
c) Bobby can read and write.
d) The books are on the shelf.
e) Sandra lives in England.

6. Fill in the correct question words.
a) ... 's your name?
b) ... is the green shirt? – 25 pounds.
c) ... are you, Jackie? – I'm fine, thanks.
d) ... model planes has Kevin got? – Ten, I think.
e) ... is my pencil? I can't find it.

7. Fill in the possessive pronouns.
a) George and ... father collect stamps.
b) Rupert, where are ... English books?
c) Annie cannot write ... name. She is only (erst) four years old.
d) I've got two sisters. ... names are Lydia and Doris.
e) I don't like ... desk. It's too small.
f) Sally and Fred, show me ... home-exercises, please.
g) My sister and I like posters very much. We've got five or six in ... room.

Good luck! You can do it!

Bewertung

43–39 Punkte = Sehr gut
38–33 Punkte = Gut
32–27 Punkte = Befriedigend
Unter 27 Punkten = Arbeite die fehlerhaften
Stoffgebiete noch einmal durch!

2nd test

questions and negation
word order
personal and possessive pronouns
Christmas
text about a person/yourself

1. Write a text about this person.

6 Punkte

Melanie Johnson / New York / 10 / hair: dark; eyes: blue / 1 brother,
1 sister / ☺: volleyball, dancing / ☹: baseball homework / cat ("Peter")

2. Now write a text about yourself.

6 Punkte

3. Can you find the dialogue? Write it down.

6 Punkte

How old is he?
Does he write in English or in German?
1 Carol, have you got a penfriend?
And where does he live?
Eleven.
Yes. His name is Michael.
In English. I think his teacher helps him.
In Linz. That's in Austria.

4. Questions and negation: Ask for the underlined words and negate.

8 Punkte

a) My parents have got some plants in their room.
b) Santa Claus brings presents at Christmas.

5. Word order: Put the words in their correct order.

4 Punkte

a) on Sunday / go / we / never / to school
b) in Austria / snows / it / often / in winter

6. Fill in the correct pronouns (personal and possessive).

8 Punkte

a) Is this ... desk, Bill? I've got some books for ...
b) Where are the girls? I want to speak with ... – I think ... are in ... room.
c) I can't do this exercise. Can you help ... , please?
d) Peter and I are going to the cinema. Do you want to come with ... ? –
   No, I'm sorry, I must tidy up ... room.
e) This is Henry. ... is my best friend. I like ... very much.

7. Write five sentences about Christmas.

5 Punkte

Good luck! You can do it!

Bewertung

43–39 Punkte = Sehr gut
38–33 Punkte = Gut
32–27 Punkte = Befriedigend
Unter 27 Punkten = Arbeite die fehlerhaften
Stoffgebiete noch einmal durch!

TOP TEN ·
· LERNTIPS ·

Richte dir einen eigenen Arbeitsplatz ein. Auf diesem **ordne übersichtlich** deine Unterlagen.

3rd test

A phone call
days and months
What's the time?
ordinal numbers
present simple or progressive
text about family and TV
text about the English teacher

1. A phone call. Fill in the missing words.

8 Punkte

George:	346 7475.
Kenny:	..., George.
George:	... speaking, please?
Kenny:	... Kenny.
George:	Oh! Hi, Kenny.
Kenny:	George, can you ... to ... place?
George:	What can ... ?
Kenny:	I've got a new table tennis set. We can ...
George:	Yes, great. ... in ten minutes.
Kenny:	... ! Bye.
George:	Bye!

2. Write two lists.

7 Punkte

a) the days of the week   b) the months with 31 days

3. What's the time, please?
Bei a) bis c) antworte mit to / past; bei d) bis f)
nach folgendem Muster: 7:25 = It's seven twenty-five.

6 Punkte

a) 6:30   b) 8:24   c) 1:36
d) 11: 15   e) 5:07   f) 12:45

4. Write down the ordinal numbers
(in Ziffern und Worten).
example: 12 → 12th = twelfth

4 Punkte

a) 32   b) 14   c) 20   d) 53

144

5. Present simple or progressive? Fill in.

a) Andy cannot come with us. He (do) ... his homework.
b) Can I talk to Mary, please? – No, sorry. She (work) ... in the garden with her sister.
c) Look, Paula (ride) ... a bike! – That's not new! She usually (ride) ... her bike to school.
d) In the Alps it sometimes (snow) ... in summer.
e) Hey, stand up! You (sit) ... on my chair.

6. Write a text about "My room".

7. Write a text about "My English teacher".

Good luck! You can do it!

Bewertung

43–39 Punkte = Sehr gut
38–33 Punkte = Gut
32–27 Punkte = Befriedigend
Unter 27 Punkten = Arbeite die fehlerhaften
Stoffgebiete noch einmal durch!

Erstelle eine **Liste der** einzelnen **Prüfungsgebiete**, lasse daneben Platz zum Abhaken. Das spornt dich an und gibt dir Übersicht.

4th test

A letter to your pen friend
At the restaurant
past simple
Asking the way
a – an – some
personal pronouns

1. Write a letter to your penfriend.

10 Punkte

Tell him / her where you live, what you like and do not like, about your family, your friends, your school ...

2. A dialogue: At the restaurant.

8 Punkte

Mr White:	... !
Waiter:	Yes, sir.
Mr White:	Can I ... , please!
Waiter:	What ... like?
Mr White:	What's ... of the day?
Waiter:	Tomato soup, sir.
Mr White:	Okay, tomato soup. Then steak with ... and ...
Waiter:	And what would you ... ?
Mr White:	An ... juice, please.
Waiter:	... else, sir?
Mr White:	No, that's all. Thank you.

3. Put into past simple.

6 Punkte

a) I'm always ill in winter.
b) Are you tired in the evening?
c) Miriam has (got) the flu.
d) It's very cold for June.
e) My parents aren't angry with me.
f) They never have time for us.

4. Fill in a – an – some.

5 Punkte

a) Have you got ... evening free this week? I'd like to go to the cinema with you.
b) Don't forget to buy ... apples and oranges for the fruit salad.
c) Neil wants to have ... banana. Can I give him one?
d) Would you like ... milk with your tea, Neil?
e) There is ... bread in the bread box, Tina.

146

5. Asking the way.

8 Punkte

Write down the way from the cinema to the post office.
(See plan of St. Augustus, page 113.)

6. Fill in the correct personal pronouns.

6 Punkte

a) This letter is for Mary. Please give it to ...
b) Our teacher always helps ... with our exercises.
c) Can you help ... with my maths homework, please?
d) My uncle lives in Wales. This is a letter from ...
e) Listen, girls, I'm going to tell ... a funny story.
f) I've got some presents here. Please give ... to Betty
    on her birthday.

Good luck! You can do it!

Bewertung

> 43–39 Punkte = Sehr gut
> 38–33 Punkte = Gut
> 32–27 Punkte = Befriedigend
> Unter 27 Punkten = Arbeite die fehlerhaften
> Stoffgebiete noch einmal durch!

Trage in einen Kalender alle **Prüfungstermine** ein. Markiere die Tage, die du zum Lernen vor einer Prüfung brauchst. Das schafft Überblick.

5th test

3rd person singular -s
word order
pronouns
questions and negation
story: Brave Benny (page 127)

1. Write the text in the 3rd person singular.

8 Punkte

example: Benny is a ...

I am a little bunny. I am black and white, and I have a pink nose.
I live with my mother in a large green meadow. I play with the flowers and
lie in the sun. I do not run across the street.

2. Fill in the correct pronouns.

5 Punkte

a) How is Tony? – ... is fine.
b) Is your desk okay ? – Yes, ... think ... is practical.
c) Where is Mary? – ... is here.
d) Peter has two brothers. ... names are Jim and Billy.
e) My mother often cleans ... car.

3. Find the correct order.

6 Punkte

a) an animal / see / I / In my garden / can
b) Lucy's / reads / books / brother / English
c) book / your / Do / write / you / in ?

4. Fill in the correct forms of the words.

5 Punkte

a) He ... in a little house. (to live)
b) They ... got a brother and a sister. (to have)
c) We ... our English teacher. (to like)
d) He ... the answer. (to know)
e) You ... a good girl. (to be)

148

5. Questions and negation:

Ask for the underlined words and negate.

a) <u>Today</u> <u>we</u> can sing <u>a song</u>.
b) <u>They</u> play <u>football</u> <u>in the garden</u>.

6. Answer the questions.

a) Where do the rabbits live ?
b) Where does Benny play, and where does he not run ?
c) What does Benny see on the other side of the street ?
d) What has his mother in her mouth ?

7. Tell the story of "Brave Benny".

Write 6 to 8 sentences.

Benny's mother tries to hide, but the dog always finds her again and chases her. Benny jumps …

Good luck! You can do it!

Bewertung:

43–39 Punkte = Sehr gut
38–33 Punkte = Gut
32–27 Punkte = Befriedigend
Unter 27 Punkten = Arbeite die fehlerhaften
Stoffgebiete noch einmal durch!

Wie schaut dein Arbeitsplatz aus? Ordnung und Übersicht fördern deinen Lernerfolg!

6th test

present and future
questions and negation
singular and plural
present simple or progressive
dictation
story: Stu Silkhat (page 135)

1. Dictation: Stu Silkhat.

6 Punkte

The Easter rabbit has a lot of problems. All the eggs are painted, but he cannot hide them for the children. He needs his lorry, but it is broken. He knows a friend who always has some crazy ideas.

2. Questions and negation:

11 Punkte

Ask for the underlined words and negate.

a) <u>Every day</u> <u>Frank</u> wants to watch TV, <u>because he likes it</u>.
b) <u>We</u> are going to sleep <u>at home</u> <u>tomorrow</u>.
c) They sometimes play <u>in the classroom</u> <u>before lesson starts</u>.

3. Fill in the correct forms of the verbs.

5 Punkte

a) Listen, Aunt Monica ... to us. (to speak)
b) Every day they ... an orange. (to eat)
c) Usually he ... his work at home. (to do)
d) We ... a new unit today. (to learn)
e) Peter ... eat fish and chips now. (to go)

4. Fill in words that fit into the text.

4 Punkte

a) There is a nest ... our appletree.
b) Tony is ... to watch TV this evening.
c) He ... to give me his new pen.
d) ... he want to sing a song today ?

150

5. Fill in the correct forms of the words.

4 Punkte

a) There are three ... in the garden . (mouse)
b) We have seven teachers; three ... and four ... (woman / man)
c) He wants to know ... name. (she)

6. Answer the following questions.

4 Punkte

a) Why can Stu not hide the Easter eggs ?
b) Why has Wooshy got red whiskers ?
c) What does Stu bring Wooshy as a present ?
d) What do the children see when they look out of the windows ?

7. Retell the story of "Stu Silkhat".
Start with: Next day is Easter Sunday, and there is a
big surprise for the children. ...

9 Punkte

Good luck! You can do it!

Bewertung:

43–39 Punkte = Sehr gut
38–33 Punkte = Gut
32–27 Punkte = Befriedigend
Unter 27 Punkten = Arbeite die fehlerhaften
Stoffgebiete noch einmal durch!

Beginne nicht sofort nach der Schule mit den Aufgaben. Eine einstündige **Entspannungspause** fördert deine Konzentration.

151

Versetzung gefährdet – was nun?
Rechtlicher Rahmen und Aufgaben der Eltern

Wenn die Versetzung eines Kindes gefährdet ist, sind auch seine Eltern gefordert. Auf jeden Fall ist es sinnvoll, daß Schule und Elternhaus dieses Problem gemeinsam erörtern, nach den Ursachen fragen und nach Abhilfe suchen. Sie als Eltern sollten nicht nur über den rechtlichen Rahmen zur Leistungsbeurteilung und Versetzung informiert sein; Sie sollten auch wissen, was Sie selbst unternehmen können, um das festgefahrene Schiff wieder in besseres Fahrwasser zu lenken.

Rechtlicher Rahmen
Auskunft über die jeweils gültigen Rechtsvorschriften zur Leistungsbeurteilung und Versetzung können Eltern in den Amtsblättern und dem Staatsanzeiger nachlesen, die bei jedem Schulleiter sowie dem Schulamt einzusehen sind.

Da für jedes Bundesland eigene Vorschriften existieren, möchte ich die Ausgestaltung des rechtlichen Rahmens am Beispiel des Hessischen Schulrechtes (Quelle: Dienst- und Schulrecht Hessen, GEW-Handbuch, völlig neubearbeitete Ausgabe, Stand März 1994) erörtern. Wird eine Leistung im Zeugnis mit schlechter als der Note „ausreichend" bewertet, so entscheidet die einfache Mehrheit der **Versetzungskonferenz** über die Versetzung oder Nichtversetzung der Schülerin oder des Schülers. Zur Teilnahme ist jeder Lehrer, der die Schülerin oder den Schüler im laufenden Schuljahr oder vor einem Lehrerwechsel unterrichtet hat und wer die Schülerin oder den Schüler vor einem Lehrerwechsel im laufenden Schuljahr zuletzt unterrichtet hat und noch der Schule angehört, verpflichtet (a.a.O., Abt. 5, § 12,2):

> „Die Versetzungentscheidung wird aus **pädagogischer Verantwortung und frei von Schematismus getroffen**. Grundlage sind die Leistungen und die Entwicklung der Schülerin oder des Schülers während des ganzen Schuljahres (a.a.O.; Abt. 5, § 11,2)."

Verschlechtert sich die Schülerin oder der Schüler in einem Fach von einem auf das nächste Schulhalbjahr, so ist dies von der Fachlehrerin oder dem Fachlehrer in der Versetzungskonferenz zu begründen.

Verlauf und Ergebnisse der Versetzungskonferenz werden im **Protokoll** festgehalten, welches jederzeit von den Eltern eingesehen werden kann.

> „Eine Note schlechter als ausreichend in einem Fach oder Lernbereich kann nur durch die Note befriedigend oder besser in einem anderen Fach oder Lernbereich ausgeglichen werden (a.a.O., Abt. 5, Anlage 1; 11,2)."

Zusätzlich gilt für Schülerinnen und Schüler an Gymnasien und Realschulen: Schlechter als mit der Note „ausreichend" beurteilte Leistungen in einem der Fächer Deutsch, erste Fremdsprache (für Gymnasiasten auch die zweite Fremdsprache) und Mathematik hindern eine Versetzung dann nicht, wenn die Schülerin oder der Schüler **besondere Fähigkeiten und starken Arbeitswillen** in einem anderen dieser o.g. Fächer oder in mehreren anderen Unterrichtsfächern erkennen läßt. Dies könnte unter Umständen durch die Note „befriedigend" gegeben sein.

Mehr als zwei mit schlechter als der Note „ausreichend" beurteilte Leistungen in den Fächern Deutsch, erste Fremdsprache (für Gymnasiasten auch die zweite Fremdsprache) und Mathematik können in der Regel nicht ausgeglichen werden (a.a.O., Abt. 5, Anlage 1). In den Jahrgangsstufen 7 bis 10 ist eine **nachträgliche Versetzung** möglich:

*„Wird eine Schülerin oder ein Schüler auf Grund schlechter als ausreichend bewerteter Leistungen im Zeugnis in zwei Fächern oder Lernbereichen nicht versetzt, so kann die Versetzungskonferenz die Schülerin oder den Schüler zu einer **Nachprüfung** in einem der zwei Fächer oder Lernbereiche innerhalb der ersten sechs Unterrichtstage des neuen Schuljahres dann zulassen, wenn bei schlechter als ausreichend bewerteter Leistungen in nur einem Fach oder Lernbereich die Versetzung möglich gewesen wäre (a.a.O., Abt. 5, § 16,3)."*

Aufgaben der Eltern

Einfühlungsvermögen und Kommunikationbereitschaft sind grundlegende Eigenschaften von Eltern, die bereit sind, sich frühzeitig mit schulischen Mißerfolgen ihres Kindes auseinanderzusetzen.

Eltern mit solchen Grundeinstellungen sind eher in der Lage, Warnsignale rechtzeitig zu erkennen, um ihrem Kind in schwierigen Schulsituationen rechtzeitig zu helfen.

Ist die „Fünf" in der Klassenarbeit ein Ausrutscher oder schon ein Warnzeichen?

Suchen Sie dazu das **sachliche Gespräch mit Ihrem Kind**, um gemeinsam über Gründe des Mißerfolges nachzudenken und nach Lösungen zu suchen!

Darüber hinaus kann ein **Gespräch mit der unterrichtenden Lehrerin oder dem unterrichtenden Lehrer** zu wichtigen Erkenntnissen führen. Die Sprechstunden der Lehrerinnen und Lehrer während des Schuljahres werden kaum wahrgenommen. Das Gespräch wird meistens dann gesucht, wenn es bereits „zu spät" ist.

Bei **anhaltenden Mißerfolgen** müssen sich die Eltern fragen:

Ist mein Kind in dieser Klasse mit dem jetzigen Lernstoff überfordert?

Langfristige Überforderungen führen in der Regel zu psychischen Verletzungen des Kindes; ständige Mißerfolge kratzen am Selbstwertgefühl und wirken demotivierend. Die Familienatmosphäre ist zumeist auch in Mitleidenschaft gezogen.

Dabei sollte es das Ziel der Eltern sein, ihrem Kind aus der Zone der Mißerfolge herauszuhelfen, damit es bei Erfolgen wieder Lob und Anerkennung erfahren kann.

Dazu könnte unter Umständen die **Änderung des Schul- und Ausbildungsweges** erforderlich sein. Vielleicht nimmt aber schon ein **rechtzeitiges Zurückgehen** Ihres Kindes in die vorhergehende Jahrgangsstufe den störenden psychischen Druck.

Sollte eine schlechte Note auf kurz- bzw. mittelfristig zu schließende Lücken oder Defizite im lernmethodischen Bereich zurückzuführen sein, können – bei Bereitschaft des Kindes – **außerschulische Förderungsmaßnahmen** (z. B. Lernhilfen, Nachhilfe, Kurse „Das Lernen lernen") sinnvoll bzw. erfolgreich eingesetzt werden.

Hedi Jantsch
Vorsitzende des Schulelternbeirates
am Friedrichsgymnasium Kassel

„Nicht genügend"!
Was können Eltern dagegen tun?
Pädagogische Aspekte und rechtliche Situation in Österreich

Der pädagogische Beurteilungsspielraum

Die Bestimmungen des Schulunterrichtsgesetzes über die Leistungsbeurteilung an den Schulen zielen einmal darauf ab, ein höchstmögliches Ausmaß an Objektivität zu gewährleisten, sind doch oft sehr wesentliche Berechtigungen an das Bestehen oder Nichtbestehen einer Prüfung geknüpft. Andererseits wird auch der Umstand berücksichtigt, daß eine Leistungsbeurteilung in der Schule immer auch eine pädagogische Maßnahme ist. Es würde sich eher ungünstig auf die Motivation der Kinder auswirken, wenn der nachlässige Schüler auf Grund seiner Begabung leicht zu guten Beurteilungen kommen würde, der strebsame Jugendliche aber immer nur eine unerfreuliche Beurteilung erhalten könnte. Jeder würde im Laufe der Zeit seine Bemühungen einstellen, wenn er sähe, daß er das gewünschte Ziel niemals erreichen kann. Oder umgekehrt, warum sollte sich ein begabtes Kind anstrengen, wenn es auch ohne jede Mühe Anerkennung fände. Das Schulunterrichtsgesetz hat daher dem Lehrer in einigen Bereichen einen „pädagogischen Beurteilungsspielraum" eingeräumt.

Ein Lehrer wird diesen vor allem dadurch nützen, daß er die Mitarbeit des Schülers im Unterricht, seine Bemühungen bei der Anfertigung der Hausaufgaben – so wie es im § 3 der Verordnung über die Leistungsbeurteilung festgelegt ist – gleichwertig in die Gesamtbeurteilung einbezieht. Hier hat der Lehrer die Chance, ausgleichend, motivierend, ermutigend die Leistungsbeurteilung mit seinem pädagogischen Auftrag zu verbinden. Es wäre pädagogisch unklug und widerspräche den Bestimmungen des Schulunterrichtsgesetzes, wenn nur die Schularbeiten zur Leistungsbeurteilung herangezogen würden.

Die Informationspflicht des Lehrers

In engem Zusammenhang mit diesen Bestimmungen ist die vorgeschriebene Transparenz zu sehen. Eine pädagogische Maßnahme kann nur dann eine günstige Auswirkung haben, wenn der Schüler Informationen darüber erhält, inwieweit es ihm gelungen ist, Leistungen nachzuweisen, etwa bei der Wiederholung oder Erarbeitung neuer Lehrstoffe. Positive Rückmeldungen in diesem Bereich werden auch den schwachen Schüler veranlassen, sich lebhaft am Unterricht zu beteiligen, was sich im allgemeinen längerfristig auch positiv auf die Ergebnisse der Schularbeiten auswirken wird.

Der Lehrer ist verpflichtet, Aufzeichnungen im erforderlichen Ausmaß anzufertigen, Schüler und Eltern haben ein Recht auf Transparenz.

Was darf geprüft werden?

Grundsätzlich darf nur das geprüft werden, was im Lehrplan steht (Schulbücher gehen oft weit über die Anforderungen des Lehrplans hinaus!) und was bis zum Prüfungszeitpunkt durchgenommen wurde.

Die Benotung

Bei der Festsetzung einer Note für ein gesamtes Schuljahr hat der Lehrer alle im Laufe des Jahres erbrachten mündlichen wie schriftlichen Leistungen (nicht Leistungsbeurteilungen) zu berücksichtigen. Die vielgeübte Praxis, einfach eine Durchschnittsnote zu bilden, entspricht nicht den Bestimmungen des Schulunterrichtsgesetzes, schon gar nicht, wenn dazu nur die Ergebnisse der Schularbeiten herangezogen werden. Es geht vielmehr darum, am Ende des Schuljahres zu beurteilen, ob der Schüler durch seine Leistungen gezeigt hat, daß er das, was im Unterricht durchgenommen wurde (und was auch im Lehrplan vorgesehen ist), wenigstens überwiegend kann. Wie und bei welcher Gelegenheit, ob im Rahmen der mündlichen Mitarbeit, etwa bei der Lösung einer Aufgabe an der Tafel oder bei einer

Schularbeit oder bei einer mündlichen Prüfung, Leistungen nachgewiesen wurden, ist dabei unerheblich. Alle erbrachten Leistungen müssen gleichwertig herangezogen werden.

Ein Lehrer wird eine Leistung mit **„Gut"** oder **„Sehr gut"** beurteilen, wenn ein Schüler über das Wesentliche hinaus oder weit über das Wesentliche hinaus Leistungen erbringt.

Ein Lehrer wird eine Leistung mit **„Befriedigend"** beurteilen, wenn der Schüler den Anforderungen in den „wesentlichen Bereichen" entsprochen hat. Ein **„Genügend"** signalisiert hingegen, daß der Schüler in den „wesentlichen Bereichen" Lücken hat. Er hat den Anforderungen nur überwiegend entsprochen. Gerade in den sogenannten aufbauenden Gegenständen, in denen der neue Lehrstoff auf Vorkenntnissen aufbaut, kann das fatale Folgen haben. Hat zum Beispiel das Kind in der Unterstufe des Gymnasiums in Mathematik nur lückenhafte Kenntnisse erworben, sind Schwierigkeiten in der Oberstufe fast vorprogrammiert. Ein „Genügend" genügt also nicht immer! Der Lehrer wird Auskunft darüber erteilen, wo diese Lücken sind und wie man sie möglichst schnell schließen kann.

Ein **„Nicht genügend"** erhält ein Schüler dann, wenn es ihm nicht gelungen ist, den Anforderungen in den „wesentlichen Bereichen" wenigstens überwiegend zu entsprechen. Was sind nun die sogenannten „wesentlichen Bereiche"? Das Bundesministerium für Unterricht und Kunst vertritt hier die Meinung, daß ein Lehrer dies im Laufe des Unterrichtsjahres selbst zu definieren hat. Es ist jedenfalls nicht zulässig und widerspräche dem Grundsatz der Transparenz, erst nach einer Prüfung zu sagen, was wesentlich und was unwesentlich gewesen wäre. Gegen ein „Nicht genügend" bei einer Schularbeit oder bei einer Prüfung können Eltern keine Berufung einlegen, auch wenn diese Note als ungerecht empfunden wird. Ein Schüler, der sich über eine verpatzte Schularbeit ärgert, hat jedenfalls das Recht, sich einmal im Semester in jedem Gegenstand zu einer mündlichen Prüfung zu melden.

Meinem Kind droht ein „Nicht genügend".
Was soll ich tun?

Für Eltern ist es wichtig zu analysieren, worauf ein so umfangreiches Versagen des Kindes zurückzuführen ist. Hat nur das eigene Kind versagt oder der größte Teil der Klasse? Hat das Kind sich mit dem nötigen Fleiß vorbereitet oder nicht? Haben vorübergehende physische oder psychische Probleme zu einem eher einmaligen Versagen geführt? Zu einer objektiven Klärung der Ursachen führt in erster Linie ein Gespräch mit dem zuständigen Lehrer, auch ein Kontakt mit anderen Eltern der Klasse kann hilfreich sein. Führt dies nicht zu einer befriedigenden Antwort, kann die kostenlose Hilfe des schulpsychologischen Dienstes in Anspruch genommen werden. Durch entsprechende Tests kann der Schulpsychologe herausfinden, ob das Kind in einer seiner Begabung entsprechenden Schule ist, oder ob ein Schulwechsel auf Grund der Begabungsrichtung für das Kind nicht besser wäre.

Eltern mögen bedenken, daß sich hinter einem sogenannten „faulen Kind" nur allzuoft ein Schüler verbirgt, der den Anforderungen nicht genügen kann oder dies jedenfalls von sich selbst glaubt. Es ist oft weniger diskriminierend, faul als dumm zu sein. Eine rasche Klärung und eine vernünftige Reaktion der Eltern werden dem Schüler helfen, ein gesundes Selbstwertgefühl aufzubauen. Schulische Erfolge werden sich so viel leichter einstellen. Kein Kind mit einem „Nicht genügend" fühlt sich besonders wohl. Auch ein Schüler, der seine Pflichten versäumt hat, benötigt Hilfe und Informationen, wie die Lücken geschlossen werden können, Hilfe bei der Zeitplanung und bei der Beschaffung von Lernunterlagen, mit denen das Kind selbständig arbeiten kann. Lob und Anerkennung für die ersten kleinen Erfolge helfen dem Kind mehr als Vorhaltungen. Ein Nachhilfelehrer sollte nicht gleich bestellt werden, kurzfristige Erfolge könnten längerfristig dazu führen, daß sich ein Kind an Hilfe gewöhnt und womöglich zu dem Ergenbis kommt, daß es alleine zu guten Leistungen nicht fähig ist.

Sollten alle Schüler einer Klasse mehr oder weniger nur genügende oder nicht genügende Leistungen erbringen, und sollte dies wiederholt geschehen, ist der zuständige Elternvertreter aufgerufen, mit dem Lehrer und – wenn dies nichts fruchtet – auch mit der Schulaufsicht Kontakt aufzunehmen. Einerseits kann auf Dauer nicht hingenommen werden, daß den Schülern nur lückenhafte Kenntnisse vermittelt werden können, andererseits sind negative Auswirkungen auf die Motivation zu befürchten. Die Schüler könnten „lernen", daß alle Anstrengungen doch nur zu einer schlechten Beurteilung führen, und in ihrem Fleiß nachlassen.

Was soll mein Kind tun?

Meldet sich ein Schüler bei einem drohenden „Nicht genügend" zu einer mündlichen Prüfung, wird ihm der Lehrer die Gelegenheit einräumen, Leistungen in den „wesentlichen Bereichen" nachzuweisen, wo dies dem Schüler bislang nicht möglich war. Eine umgekehrte Vorgangsweise wäre schikanös und anfechtbar. Wenn es dem Schüler gelingt, zu den bisher erbrachten Leistungen, die für ein „Genügend" noch nicht ausreichen, zusätzliche Leistungen nachzuweisen, wodurch die Anforderungen in den „wesentlichen Bereichen" nunmehr überwiegend erfüllt werden, so ist ein „Genügend" zu erteilen.

Bei allzu großen Lücken, die im Laufe eines ganzen Jahres entstanden sind, wird es aber eher aussichtslos sein, im Rahmen einer einzigen mündlichen Prüfung, deren Dauer auf 10 bzw. 15 Minuten begrenzt ist, nachzuweisen, daß alle Lernrückstände aufgeholt wurden. Schüler neigen dazu, allzu große Hoffnungen auf diese letzte Prüfung zu setzen. Nur bei einem geringen Rückstand besteht die Möglichkeit einer Notenkorrektur.

„Nicht genügend". Kann mein Kind trotzdem aufsteigen?

Grundsätzlich sind Schüler mit einem „Nicht genügend" nicht zu einem Aufsteigen in die nächste Klasse berechtigt. Ganz im Sinne seiner pädagogischen Ausrichtung sieht das Schulunterrichtsgesetz jedoch eine wichtige Ausnahme vor.

Hat der Schüler nicht bereits im vorigen Jahr im gleichen Gegenstand ein „Nicht genügend", und ist dieses Fach weiter im Lehrplan vorgesehen, kann die Klassenkonferenz, in der alle Lehrer vertreten sind, die in der Klasse unterrichten, beschließen, den Schüler aufsteigen zu lassen. Voraussetzung für eine positive Entscheidung ist, daß die Leistungen in allen anderen Fächern so gut sind, daß der Schüler aller Voraussicht nach im kommenden Jahr erfolgreich am Unterricht teilnehmen kann.

Der Gesetzgeber geht hier davon aus, daß die Leistungsreserven eines Schülers begrenzt sind. Die Lehrer einer Klasse müssen gemeinsam eine Prognose darüber abgeben, ob ein Schüler die Lücken in einem mit „Nicht genügend" beurteilten Gegenstand bei fortschreitendem Unterricht im folgenden Schuljahr angesichts der Situation in den anderen Fächern wird aufholen können:

Wieviele mit „Genügend" beurteilte Gegenstände enthält das Jahreszeugnis?

Hat ein solches „Genügend" eher eine Tendenz zum „Nicht genügend" oder zum „Befriedigend"?

Reichen die Kenntnisse in einem mit „Genügend" beurteilten Fach aus, oder müssen auch hier erst Lücken geschlossen werden, um dem Unterricht im kommenden Schuljahr folgen zu können. (Ein schwaches „Genügend" steht einem Aufsteigen in die nächste Klasse dann nicht entgegen, wenn zum Beispiel in Geographie Kenntnisse in Gesteinskunde fehlen, im nächsten Jahr aber die Wirtschaftsräume auf dem Programm stehen.)

Hat ein ansonsten zufriedenstellend arbeitender Jugendlicher aus besonderen Gründen (zum Beispiel Scheidung der Eltern, schwere Erkrankung) nur vorübergehend nachgelassen und steht zu erwarten, daß er leistungsstark genug ist, die Defizite aufzuholen?

Die Lehrer werden auf Grund ihrer Erfahrung und ihres Sachverstandes zu einer vertretbaren, sinnvollen Lösung kommen.

Die Berufung

Eltern können gegen die fehlende Berechtigung zum Aufsteigen in die nächste Klasse berufen und dabei das „Nicht genügend" und die Entscheidung der Klassenkonferenz anfechten. Aussichten für eine erfolgreiche Berufung sind dann gegeben, wenn Eltern bei einem „Nicht genügend" darlegen können, daß sachfremde Gründe, etwa disziplinäre Schwierigkeiten, bei der Beurteilung eine Rolle gespielt haben, die geforderten Kenntnisse aber sehr wohl vorhanden sind. Es ist sicher nicht einzusehen, daß in einem solchen Fall ein Kind nur wegen seines unangenehmen Verhaltens ein ganzes Jahr wiederholen soll. Manchmal können auch reine Formfehler eines Lehrers dazu führen, daß ein „Nicht genügend" aufgehoben wird. Lehrer sind keine Juristen und sollten es wohl auch nicht sein. Ein so erfochtener Erfolg ist in der Regel kein Erfolg für das Kind. Die Lernrückstände des Kindes werden so nicht geschlossen, und ein vertrauensvolles Klima der Zusammenarbeit zwischen Eltern, Lehrern und dem Schüler könnte nachhaltig gestört werden.

Gegen den Beschluß der Klassenkonferenz könnte erfolgreich eingewandt werden:

– daß außergewöhnliche Belastungen des Kindes nicht berücksichtigt wurden, besonders, wenn gegen Ende des Schuljahres wieder eine steigende Tendenz erkennbar war;

– daß die fehlenden Kenntnisse in einem mit „Genügend" beurteilten Fach im folgenden Jahr keine Rolle mehr spielen oder nicht grundlegend für das Verständnis des Lehrstoffes im kommenden Schuljahr sein werden. Nicht erfolgreich sind meistens Berufungen, die sich auf einen Notenvergleich mit anderen Schülern beziehen.

Berufungen sind formlos. Ein einfacher Brief an die Schule genügt, in dem zum Ausdruck gebracht wird, daß man gegen die Nichtberechtigung zum Aufsteigen in die nächste Klasse beruft und das „Nicht genügend" und (oder) den Beschluß der Klassenkonferenz nicht für gerechtfertigt hält. Die Chancen steigen mit einer möglichst sachlichen Begründung. Die Schule leitet die Berufung an den Landesschulrat weiter. Dieser kann entweder auf Grund der vorgelegten Unterlagen entscheiden oder, wenn diese nicht ausreichen, kurzfristig eine kommissionelle Prüfung unter dem Vorsitz eines Schulaufsichtsbeamten durchführen. Der gesamte Jahresstoff kann Gegenstand einer solchen Prüfung sein. An dieser Stelle sei noch einmal darauf hingewiesen, daß das wichtigste Kriterium für eine Berufung die abgesicherte Überzeugung der Eltern sein sollte, daß das Kind über die erforderlichen Kenntnisse verfügt.

Gegen die Entscheidung des Landesschulrates ist eine Berufung beim Bundesministerium für Unterricht und Kunst möglich. Es kann sinnvoll sein, wenn eine auch räumlich weiter entfernte Behörde die Angelegenheit noch einmal prüft. Immerhin werden im Schnitt ca. 25% der dort eingelangten Berufungen positiv entschieden.

Ingrid Buschmann
Pressesprecherin des Bundesverbandes der Elternvereinigungen
an Höheren und Mittleren Schulen Österreichs

Die Durchstartübungen

DIE LEHRE Die Übungen beruhen auf der Kinesiologie, der Lehre von der Bewegung. Sie unterstützt alle deine Tätigkeiten – auch dein Lernen. Durch die Anwendung bestimmter Bewegungsmuster kannst du deine Möglichkeiten voll ausschöpfen.

DER AUTOR **Kim da Silva** lebt in Berlin und arbeitet als Kinesiologe. Er studierte Chemie, Physik, Botanik, Mikrobiologie und Lebensmittelchemie. Nach fünf Jahren als Assistent an der Freien Universität Berlin und sechsjähriger Forschungsarbeit in der chemischen Industrie arbeitete er viele Jahre in einem pharmazeutischen Weltkonzern.

In seiner Jugend reiste er viel und erwarb sich sein Wissen um die verschiedenen Philosophien und Heiltraditionen.

In den 70er Jahren lernte Kim da Silva die Kinesiologie kennen. Er war einer der ersten, die bei Dr. Paul Dennison eine Ausbildung in Edu-Kinestetik erhielten. Heute zählt er zu den wenigen europäischen Ausbildern für Edu-K-Teacher.

Von Kim da Silva sind bereits einige Bücher erschienen.

DIE AUTORIN **Do-Ri Rydl**, geboren 1958, vom Beruf Drogistin, lernt und lehrt seit 1985 mit Kim da Silva. Seit 1988 leitet sie ein Kinesiologie-Zentrum in Mödling und die Edu-K-Teacher-Ausbildung für Österreich.

Kim da Silva & Do-Ri Rydl freuen sich, wenn du ihnen von deinen Übungserfahrungen schreibst. Sie werden dir gerne antworten und auf Wunsch auch mehr Informationsmaterial über ihre Arbeit zusenden.

Schreibe an:

Kinesiologie-Zentrum
Do-Ri Rydl
Hauptstraße 46
A-2340 Mödling

Kim da Silva
Türkenstraße 15
D-13 349 Berlin 65

MIND unlimited LERNHILFE

Hausaufgaben erledigen
konzentriert – motiviert –
engagiert
5. bis 10. Klasse
ISBN 3-85303-020-3

Vokabeln lernen –
100% behalten
Die erfolgreichen Tips zum
Fremdsprachenlernen
5. bis 10. Klasse
ISBN 3-85303-021-1

Klassenarbeiten
erfolgreich bestehen
Das Programm für gute Noten
im Schriftlichen
5. bis 10. Klasse
ISBN 3-85303-041-6

Besser motivieren –
weniger streiten
So helfen Sie Ihrem Kind –
aber richtig!
4. bis 10. Klasse
ISBN 3-85303-040-8

ca. 110 Seiten
durchgehend farbig
illustriert

Fit fürs Gymnasium
Die neuen Herausforderungen
erfolgreich bewältigen
ISBN 3-85303-043-2

Mehr melden –
Selbstsicherheit gewinnen
Das Programm für gute Noten
im Mündlichen
5. bis 10. Klasse
ISBN 3-85303-042-4

Deutsch
für die 5. Schulstufe
ISBN 3-85303-014-9

für die 6. Schulstufe
ISBN 3-85303-015-7

für die 7. Schulstufe ☆
ISBN 3-85303-044-0

Mathematik
für die 5. Schulstufe
ISBN 3-85303-018-1

für die 6. Schulstufe
ISBN 3-85303-046-7

Englisch
für die 5. Schulstufe
ISBN 3-85303-016-5

für die 6. Schulstufe
ISBN 3-85303-017-3

für die 7. Schulstufe
ISBN 3-85303-045-9

Französisch
für das 1. Lernjahr
ISBN 3-85303-019-X

☆ **erscheint 1996**

ca. 160 Seiten mit Lösungsheft
durchgehend witzig und farbig
illustriert

STICHWORTVERZEICHNIS